COMMENT SUPPORTER SA LIBERTÉ

Collection dirigée par Lidia Breda

Déjà paru

Gabriel Matzneff, *De la rupture*

À paraître

Fernando Savater, *Pour l'éducation*

CHANTAL THOMAS

COMMENT SUPPORTER SA LIBERTÉ

MANUELS PAYOT

106, boulevard Saint-Germain – 75006 Paris
ISBN : 2-228-89107-X
ISSN : 1281-5888

Parmi l'énumération nombreuse des *droits de l'homme* que la sagesse du XIXe siècle recommence si souvent et si complaisamment, deux assez importants ont été oubliés, qui sont le droit de se contredire et le droit de *s'en aller.*

Baudelaire, *L'Art romantique.*

INTRODUCTION

Il y a quelques années j'avais choisi à Lyon comme logis de passage et de prédilection un vieil hôtel au bord de la Saône. J'en aimais exactement tout : l'escalier de bois montant à la réception au premier étage, le salon où voisinaient, dans une douce entente et un désordre foliacé de plantes en pots, des tables aux angles arrondis, des sièges disparates et une ruine de bibliothèque... D'une console proche de la fenêtre, je voyais passer les bateaux. Le matin, lorsque j'étais assise là, ma tasse de café à la main, j'étais saisie d'un sentiment d'inaccessible et de sérénité, de complétude sans objet. Ce lieu me procurait l'évidence d'un chez-moi que je ne me serais pas donné la peine de chercher, que je pouvais quitter comme je voulais et retrouvais sans marques d'absence. Je ne m'étais pas non plus souciée de l'explorer. Je n'en connaissais qu'une fraction, mais elle suffisait à mon mode d'appropriation : sans questionnement, fugitif, intermittent. Parfois, je croisais des pensionnaires, peu nombreux ; des hommes, plutôt âgés, que j'identifiais comme des musiciens en rupture de tournée.

Je me sentais si bien dans ce salon que j'avais fini par me fixer sur la chambre qui lui était contiguë : la chambre 1. Chaque fois, au moment d'en faire la réservation, j'avais quelques secondes d'hésitation, vite surmontées, auxquelles répondait de la part de l'hôtelier une pause d'incertitude, le temps, disait-il, de vérifier si elle était libre. Elle l'était. Je ne manquais pas de m'en féliciter à mon arrivée, tandis que l'homme de l'hôtel, aimable et silencieux, me tendait la clef. Cependant les silhouettes se faisaient de plus en plus discrètes, le salon paraissait de plus en plus vide, ce qui n'enlevait rien à l'harmonie de ce mobilier de fantômes rassemblé par hasard au fil des morts et des départs. Mais un jour, peut-être pour m'intégrer à l'étage des pensionnaires, pour m'assurer qu'ils existaient encore, ou bien pour ne pas devenir prisonnière d'une habitude, je demandai une autre chambre que la chambre 1, n'importe laquelle.

– Elle ne vous convient plus ?

– Si, tout à fait (et je pensais à son miroir ovale au-dessus du lit, aux rideaux rayés, dont le jaune doré me rappelait un de mes tableaux favoris, *La Moisson* de Bruegel l'Ancien), mais j'ai envie de changer.

– Je crains que ce ne soit difficile. L'hôtel va fermer. Toutes les chambres sont en travaux. Il ne nous reste – et pour peu de temps – que la chambre 1 encore disponible au public.

Je n'avais donc, depuis des mois, aucun choix... Chaque fois, je me réjouissais pourtant d'obtenir, entre toutes, ma chambre préférée...

L'épisode de la chambre 1, sous des formes diverses, se répète sans cesse. Freud, Kafka, Marx... nous l'ont appris : la liberté n'existe pas. Sa notion même, d'après Schopenhauer, répugne à la forme de notre entendement. À essayer de penser le miracle d'un effet sans cause, il se paralyse. La liberté n'est qu'un leurre, un mot propice aux bouffées d'imaginaire, aux élans trompeurs, aux chansons (*Liberté* et *Amour* nous sont serinés sur tous les airs et toutes les ondes). C'est un refrain qui se chante, seul ou en chœur, et au rythme duquel, convaincus de n'agir qu'à notre guise, nous tombons au dernier degré de l'embrigadement. Psychologiquement, politiquement, nous sommes subjugués par des forces qui nous échappent. Nos plus belles initiatives ne sont qu'une réponse au désir ou à la volonté d'autrui. Un maillon dans un enchaînement de nécessités. « Sans la prison, nous saurions que nous sommes en prison », écrit Maurice Blanchot. À juste titre. Il n'empêche que lorsqu'on est *vraiment* en prison, cela fait une différence. Par les barreaux que la loi interpose entre le monde et lui, le prisonnier est amputé de sa propre vie. Son désespoir, violent ou résigné, ne lui permet aucun doute sur le caractère mortel de l'ablation dont il est victime. C'est pourquoi, s'il tente de s'évader, il compte pour rien le risque de périr. « Oh ! ma chère amie, quand mon horrible situation cessera-t-elle ? Quand me sortira-t-on, grand Dieu ! du tombeau où l'on m'a englouti vivant ? », s'écrie le marquis de Sade, dans une de ses lettres de Vincennes.

Sans aller jusqu'à une expérience aussi tragique de l'enfermement, qui n'a connu, dans son enfance ou son adolescence, la tristesse de se retrouver derrière les murs d'un pensionnat ? Qui ne s'est étouffé d'indignation face à l'impossibilité de se soustraire au règlement ou de le modifier ? Federico Fellini se souvient en ces termes de l'école religieuse des salésiens à Rimini, où ses parents l'avaient placé : « Je me rappelle avec un sentiment de grand abattement le misérable trou de l'horrible cour avec les deux poteaux lugubres du basket-ball et tout autour une grande muraille surmontée d'un grillage métallique qui faisait deux mètres de hauteur. Au-delà de ce grillage, on entendait les clochettes des fiacres, les klaxons des automobiles, les cris, les appels des gens en liberté qui se promenaient, leur glace à la main [1]. » De l'autre côté, en effet – du côté où l'on peut sortir sans autorisation de sortie –, il ne se passe rien d'exceptionnel. C'est la banalité même du quotidien. Mais loin de nous apaiser, la représentation de ces gestes simples (s'asseoir sur un banc, embrasser son amant, respirer l'air du soir, boire un café, acheter le journal, aller au cinéma...) nous est intolérable. Précisément parce qu'ils sont simples, parce qu'il nous semblait, au temps où nous les accomplissions sans y penser, qu'ils allaient de soi. Il a fallu leur perte pour en sentir le prix. On se dit que si nous pouvions à nouveau les faire, ces gestes si simples et si fabuleux, on les ferait, tout de suite, et plutôt deux fois qu'une. On n'arrêterait pas de s'offrir

1. Federico Fellini, *Faire un film*, traduit de l'italien par J.-P. Manganaro, Paris, Seuil, 1996, p. 63.

aux caresses, de voir et revoir *La Nuit, La Voie lactée, Profession reporter*, Catherine Deneuve dans *Belle de jour*, Humphrey Bogart dans *Casablanca*, de boire du champagne et des margaritas, de marcher dans Central Park, d'y faire du patin à glace, de s'acheter des jacinthes, des chaussures et des billets d'avion, d'essayer des chapeaux, de rêver sur des kimonos, d'emplir sa chambre de fleurs des champs, de la livrer au plus grand désordre, d'en faire l'antre des métamorphoses, de changer d'adresse comme de chemise, de se souvenir de ses rêves, de ne pas s'empêcher de pleurer, de parler avec des inconnus, de s'enfuir des conférences et des théâtres où l'on s'ennuie, de prendre au hasard n'importe quel autobus, de lire au lit, de se peindre les ongles, de contempler des photographies de Kertész, des tableaux de Tiepolo, Goya, Twombly, Balthus, Mondrian, Caspar David Friedrich, de descendre, en plein soleil, dans la poudreuse, des pentes qui n'en finissent pas, de manger des cerises, de nager dans toutes les mers et de goûter tous les vins, de commander d'immenses plateaux de fruits de mer et de les dévorer sous l'œil rond du *Gobeur d'oursins* de Picasso...

Rongés de vains désirs, on considère avec stupeur ceux qui, parce qu'ils ont ces trésors à portée de la main, les ignorent. Une stupeur qui vire à l'horreur quand est trop grand l'écart qui sépare les possédants des dépossédés. Primo Levi nous rapporte cette scène de sa captivité à Auschwitz. C'est à la fin du mois de décembre 1944. En tant que chimiste, il vient d'être affecté au laboratoire de l'usine du camp. Ce qui, en le sauvant des travaux forcés au-dehors, dans le froid et la boue, sous les coups, lui sauve la vie. Dans ce laboratoire il y a aussi quelques femmes, des Allemandes et des Polonaises. Des jeunes filles nettes et roses, pleines de santé, qui lui font l'effet « de créatures venues d'une autre planète ». Les prisonniers juifs sont sales, puants, affamés, couverts de plaies, titubant d'épuisement. Ils n'ont, bien sûr, aucun contact verbal avec ces merveilles d'un autre monde. Mais ils les entendent bavarder entre elles :

« – Tu vas chez toi, dimanche ? Moi non, c'est tellement embêtant de voyager !

« – Moi j'irai à Noël. Plus que deux semaines, et ce sera de nouveau Noël : c'est incroyable ce que cette année est vite passée !

« Cette année est vite passée. L'année dernière, à la même heure, j'étais un homme libre : hors-la-loi, mais libre ; j'avais un nom et une famille, un esprit curieux et inquiet, un corps agile et sain. [...] De ma vie d'alors il ne me reste plus aujourd'hui que la force d'endurer la faim et le froid[1]. »

À peine une scène, quelques phrases anodines, proférées en toute innocence, et qui, dans le cirque infernal des cruautés subies, pourraient ne pas valoir d'être mentionnées ni retenir notre attention. C'est l'inverse. Elles nous arrêtent et s'inscrivent à jamais en nous, pour ce fonds monstrueux d'inconscience et d'insensibilité d'où elles jaillissent, pour leur innocence même. Ces paroles, nous aurions pu les dire ; nous les disons. Pas devant des hommes livrés à des camps d'extermination, et pour qui chaque jour est une escalade de souffrances à surmonter et l'enjeu d'une victoire improbable, mais devant des hommes libres, comme nous. Sauf qu'il arrive parfois que ceux-ci, sous la révélation de la maladie, et à notre différence (qui n'est qu'un décalage temporel), sentent passer la durée d'une année et l'évaluent, eux aussi, au jour le jour d'un combat, sinon en termes de secondes distendues à l'infini sous l'impact de la douleur.

Le leitmotiv du *temps qu'on ne sent pas passer* est une banalité, échangée, sans y penser, avec un soupir de convenance. Il est

1. Primo Levi, *Si c'est un homme*, traduit de l'italien par Martine Schruoffeneger, Paris, Julliard, Pocket, 1990, p. 153.

contrebalancé, afin d'avoir, quand même, quelque chose à quoi se raccrocher et de ne pas choir tout droit dans le trou noir de l'oubli, par le thème du *temps qu'il fait*.

À un bien moindre degré d'émotion, parce qu'elle ne relevait pas de la brutale séparation entre deux mondes, mais d'une impossibilité à comprendre, je me souviens d'avoir été choquée, en classe de philosophie (à l'époque où l'on découvre que la liberté n'est pas seulement motif à d'orageux débats avec les parents, mais aussi un chapitre à étudier dans un manuel), par la lecture du passage du *Phédon* où Socrate, en prison, mais libéré de ses chaînes, exprime son contentement. « Quant à Socrate, il se mit sur son séant dans son lit, puis, repliant sa jambe, il se la frotta avec la main et, tout en frottant, nous dit : "Quelle chose étrange, mes amis, paraît être ce qu'on appelle le plaisir ! et quel singulier rapport il a naturellement avec ce qui passe pour être son contraire, la douleur ! [...] Je crois, poursuivit-il, que si Ésope avait remarqué cela, il en aurait composé une fable, où il aurait dit que Dieu, voulant réconcilier ces deux ennemis et n'y pouvant réussir, leur attacha la tête au même point, et que c'est la raison pour laquelle, là où l'un se présente, l'autre y vient à sa suite. C'est, je crois, ce qui m'arrive à moi aussi, puisque après la douleur que la chaîne me causait à la jambe, je sens venir le plaisir qui la suit[1]." » Que le plaisir ne soit que cessation de la douleur, qu'il se définisse par son contraire, m'étonnait et m'attristait. Comme s'il n'avait pas de valeur absolue, comme s'il fallait être affamé pour cueillir des framboises, desséché de soif pour goûter un sancerre bien frais, être malade pour apprécier la santé. Pour se rendre compte qu'elle n'est pas seulement le contraire de la maladie, mais qu'elle implique une sensation de bien-être, une certaine qualité d'insouciance, l'euphorie d'un surcroît de vitalité. De même pour la liberté. Elle ne s'expérimente pas seulement par sa privation, dans la cellule d'une prison, derrière des barbelés électrifiés.

« Je *sens* que je suis libre mais je *sais* que je ne le suis pas », écrit Cioran. Cette sensation, indifférente ou supérieure au savoir

1. Platon, *Phédon,* traduction, notices et notes d'Émile Chambry, Paris, GF-Flammarion, 1965, p. 107.

qui la nie, nous advient par moments, par interstices. Sur eux repose cette réflexion. C'est dire sa fragilité et qu'elle ne s'ordonne pas sur des événements forts, objectivement repérables, mais sur des écarts, des ruptures, des battements. Ils ne comptent pas, croit-on. N'ajoutent rien. On ne sait d'ailleurs pas les raconter. Ils ont le caractère insaisissable des paysages de nuages en avion, dont la beauté nous ravit sur l'instant et dont on ne sait rien dire plus tard. Qui, à son arrivée, le visage encore illuminé de l'azur traversé, raconte aux amis restés à terre : telle vue sur un vaste plateau vaporeux d'où s'élevaient de monumentaux édifices de nuages qu'on s'étonnait de ne pas casser en les traversant, ou bien, sculpture de l'impalpable, cette configuration de gloire pour le visage renversé d'un pirate, dont je me racontais l'histoire en buvant du champagne, ou encore, lors d'un coucher de soleil qui avait duré des heures, les infimes passages du rose orangé au violet parme, au pourpre, de sorte qu'il semblait que l'avion, dont les ailes en réfléchissaient les nuances, progressait à même la couleur (les seuls récits de voyages en avion sont d'accidents évités, ou d'incidents, passionnants, comme de perdre ses bagages. Quant aux orgasmes en plein ciel, sur le modèle d'*Emmanuelle*, les principaux intéressés restent discrets sur leurs ébats).

Ces moments pour rien surgissent dans les emplois du temps les plus serrés, les existences les plus occupées. On est ému soudain, pris de vertige, projeté dans un temps d'avant le temps, sur une plage d'éternité. Une musique nous accompagne. On se voit jouer dans un film palpitant, et ce film, c'est notre vie. Frémissement, emportement d'inconnu, frôlement de mystère. On se détourne, désorienté, apeuré, pour reprendre la suite de nos activités. Pourtant, ces moments indéfinis, ces stridences inexplicables sont peut-être ce par quoi nous nous appartenons le mieux (de cette jouissance d'appartenance sans durée ni acte de propriété que l'on éprouve dans une chambre d'hôtel), ou du moins ce qui nous permet de continuer d'exister. Par curiosité. Avec plaisir.

Ce texte a été, le plus souvent, écrit en voyage, au café, dans des espaces de transit, dans cet état particulier d'isolement et de concentration en soi-même que favorisent, paradoxalement, la circulation à l'entour, la rumeur des conversations, le bruit des choses, le sillage d'une musique. Peut-être parce que, au contraire de ce qui se passe dans le silence réglementaire d'une bibliothèque (là où, quand on lève les yeux de son livre, on ne voit que d'autres livres), il ne suffit pas de se soumettre, passif, à la fonction d'un lieu. Il faut pratiquer un subtil travail non d'opposition, mais de différenciation. Dessiner autour de soi un tracé protecteur, à l'intérieur duquel on s'installe, observateur et songeur, méditatif et distrait. Abri fantasmatique, sorte de tente invisible aux autres et qui se monte et se démonte en un souffle. Dans cet atelier de l'instant se traitent au même plan ce qui vient du monde et ce qui vient des livres, la mémoire d'une scène vécue et celle d'un roman ou d'un film. Un plan déformant, bien sûr. Mais en est-il d'autres, à partir du moment où ce n'est qu'à travers leur re-création par nous et pour nous que personnes, paysages ou pensées nous importent ?

Comment supporter sa liberté n'offre aucune démarche conséquente, aucun mode d'emploi. Cet essai se veut plutôt une incitation aux déplacements, aux absences. Il propose des manières d'habiter les marges, d'inscrire les mirages, de célébrer sa solitude.

« Il n'y a peut-être pas de jours de notre enfance que nous ayons si pleinement vécus que ceux que nous avons cru laisser sans les vivre, ceux que nous avons passés avec un livre préféré[1] », écrit Marcel Proust. Étendons à la vie entière ce qu'il dit pour l'enfance, et qu'à côté de la lecture figurent ces innombrables activités, injustifiables et délectables, qui font le charme du temps retrouvé, le secret du temps pour soi.

1. Marcel Proust, *Sur la lecture*. Préface à *Sésame et les Lys* de John Ruskin, édition d'Antoine Compagnon, Paris, Éditions Complexe, 1987, p. 39.

SUR LA GRÈVE

Il m'arrive de croiser des enfants promenés en laisse par leurs mères. Elles le font certainement sans méchanceté ; plutôt pour que se calme un peu leur perpétuelle anxiété de catastrophes. L'enfant, d'ailleurs, s'amuse souvent de la situation. Il parle au chien, son prochain, joue à l'âne, se bloque et refuse d'avancer, ou se jette au pas de course et est aussitôt renversé, les jambes en l'air ; alors il hurle et appelle au secours. Il peut aussi ébaucher une danse de guerre, se mettre à courir autour de sa mère et l'encercler de son lien... N'empêche, c'est lui *l'attaché* et, encore pendant des années, il n'aura pas le choix de ses déplacements. Il ne les fera qu'accompagné ou devra en rendre compte. Incapable de subvenir à ses besoins, nécessairement assisté, il n'a d'autre liberté que celle que ses parents ou ses éducateurs lui octroient. Elle a la fadeur du Bien. C'est pourquoi il s'ingénie à s'en inventer une autre, clandestine, souterraine, où il se reconnaisse. Une liberté dérobée. Détournement dont les parents ont vaguement conscience, sans pouvoir cerner un noyau de rébellion.

Comme le note Pavese : « Il se pourrait que les enfants soient plus conformistes que les adultes et que nous ne nous rendions pas compte de cela pour la raison qu'ils vivent en guerre avec les adultes et qu'ils sont contraints de manifester leurs habitudes en secret. En fait, l'effort des adultes est de briser toutes les habitudes des enfants, parce qu'ils soupçonnent en celles-ci un nœud de résistance et d'anarchisme[1]. » Pavese souligne l'importance du jeu dans cette guerre. Il a pour les enfants « la valeur inconsciente d'une revendication d'indépendance face aux adultes. » C'est pourquoi ils s'y donnent de toutes leurs forces. Tandis que les adultes, de leur côté, tentent de modérer cette fièvre. Ils vont sans cesse répétant : « Assez ! », « Arrête ! », « Tais-toi ! », « Tiens-toi tranquille ! », « Fais attention ! », « Ça suffit ! », « Si tu continues, on rentre à la maison ! », « Doucement, hurle un père, ou je t'enlève ta

1. Cesare Pavese, *Le Métier de vivre*, traduit de l'italien par Michel Arnaud, Paris, Gallimard, Folio, 1995, p. 197.

bicyclette ! », « À la sortie du wagon, dos au mur ! », commande une monitrice à la troupe d'écoliers qu'elle est chargée de conduire dans le métro... Les enfants s'assagissent cinq minutes et reprennent de plus belle, car le jeu ignore la mesure. Jouer à moitié, c'est ne pas jouer. Et ne pas jouer, c'est s'ennuyer. « Ce n'est pas si terrible, tu peux t'ennuyer un peu sans faire cette tête. » Et l'adulte pourrait ajouter s'il (ou elle) était plus honnête, ou plus lucide : « Regarde-nous. Nous nous ennuyons. Nous ne pleurons pas pourtant. » Fritz Zorn, dans *Mars*, journal d'une maladie, autobiographie testamentaire, implacable réquisitoire contre l'anesthésie générale de l'existence bourgeoise, dénonce, la rage au cœur, le mortifère ennui dans lequel il a grandi et dans lequel on l'a éduqué. Il résonnait en lui par ces paroles de sa mère : « Tous les dimanches soir ma mère téléphonait toujours à de quelconques parents et leur faisait un compte rendu du dimanche écoulé, et elle disait chaque fois : Nous sommes bien tranquilles. Tranquille – quel mot abominable[1] ! » C'est au nom du même idéal de tranquillité que ses voisins crient, de leur

1. Fritz Zorn, *Mars,* traduit de l'allemand par Gilberte Lambrichs, Paris, Gallimard, 1980, p. 237.

fenêtre, aux enfants qui jouent dans la rue : Du calme ! « Pourtant c'est déjà calme ici, mais il faut que ce soit *encore* plus calme. [...] En Suisse, tout doit toujours être calme et l'on exprime toujours cette idée de calme sous une forme impérative. On dit : Du calme ! Du calme ! Comme si on disait impérativement : La mort ! La mort [1] ! »

Les enfants ne savent pas s'ennuyer. C'est une des limites de leur sociabilité, une marque de leur résistance et de leur santé. Ils s'ennuient à sangloter, à se rouler par terre. Les enfants, comme le montrent leurs dessins, ne mettent rien en perspective. Tout les atteint de plein fouet et de face, sans la possibilité de retrait, sans qu'ils soient capables de relativiser. Ils vivent dans l'absolu, et s'ennuient de même. On connaît ce commentaire de Louis XIV sur les jardins de Versailles, qu'il avait lui-même conçus comme une extraordinaire machine (et machinerie) à produire et à supporter l'ennui : « Cela manque d'enfance. » Désignait-il par là l'admirable et totalitaire mise en perspective de Le Nôtre ? Il est vital parfois d'oublier les lois de la perspective et de se replacer dans le chaos d'un monde où tout vaut également – dans l'instant. Un

1. Fritz Zorn, *op. cit.*, p. 234-235.

monde qui nous place dans la seule alternative d'être ébloui ou foudroyé.

L'intolérance des enfants à l'ennui est l'envers de la toute-puissance du jeu sur eux. Ils crient lorsqu'ils s'ennuient. Presque aussi fort que lorsqu'on les arrache à leurs jeux. Fritz Zorn, lui, ne criait pas. « Survivrai-je à cette maladie ? Aujourd'hui je n'en sais rien. Au cas où j'en mourrais, on pourra dire de moi que j'ai été éduqué à mort [1]. »

La formule s'applique exactement à la conduite préconisée par Rousseau pour éduquer les filles, c'est-à-dire les briser. Dans son traité sur l'éducation, l'essentiel concerne le cas du petit garçon, Émile. Mais il n'oublie pas de lui former une compagne, Sophie. « La gêne même où elle [la mère] la tient [la fille], bien dirigée, loin d'affaiblir cet attachement, ne fera que l'augmenter, parce que la dépendance étant un état naturel aux femmes, les filles se sentent faites pour obéir. Par la même raison qu'elles ont ou doivent avoir peu de liberté, elles portent à l'excès celle qu'on leur laisse ;

1. Fritz Zorn, *op. cit.,* p. 51-52.

extrêmes en tout, elles se livrent à leurs jeux avec plus d'emportement encore que les garçons. [...] Cet emportement doit être modéré. [...] Ne souffrez pas qu'un seul instant dans leur vie, elles ne connaissent plus de frein. Accoutumez-les à se voir interrompre au milieu de leurs jeux, et ramener à d'autres soins sans murmurer[1]. »

Sophie aura été freinée à mort.

Ne pas répondre

Les enfants n'ont pas le choix. Dire non, exprimer tout haut leur désaccord avec un plan conçu pour leur bonheur est impossible. Il leur reste à subvertir les activités « sérieuses » et à profiter au maximum des marges autorisées, à s'accrocher comme des frénétiques à leurs jeux. Soulevés par ce feu que nous communique la passion, ils ne sentent ni la faim ni la fatigue. Silencieux ou bruyants, entièrement absorbés, ils s'affairent non loin de leurs parents et, semble-t-il, dans leur zone de contrôle. En réalité, ils ne partagent pas le même espace ni, surtout, le même temps. Ce qui pour les grandes per-

1. Jean-Jacques Rousseau, *Œuvres complètes*, *Émile ou de l'éducation*, t. III, édition de Michel Launay, Paris, Seuil, 1971, p. 252-253.

sonnes est un après-midi agréable passe pour les enfants dans l'éclair d'une transe.

Ils sont à la plage, en train de jouer. Ils consolident un château de sable que la marée montante va anéantir. L'eau, déjà, a débordé le pont-levis. Une tour est en train de se liquéfier, l'édifice va crouler. Les petits architectes s'efforcent de réparer les dommages. Ils n'ont aucune chance de gagner. C'est comme de lutter contre la journée qui s'achève. Pourtant ils s'obstinent et décident, d'un accord tacite, de faire comme s'ils n'entendaient pas les parents qui s'époumonent :

– Pierre, Agnès, Caroline, Clément !

Le moment est mal choisi, c'est le moins que l'on puisse dire. Ils colmatent, en hâte, les dégâts.

– Attention, je vais venir. Ça va mal finir.

Le ton s'exaspère. Les enfants n'osent plus faire la sourde oreille. Aux menaces, ils répondent par des supplications. Encore dix minutes... cinq minutes... une minute... une seule, juste le temps de... On leur promet qu'ils reviendront demain. Ils trépignent. C'est d'aujourd'hui qu'il s'agit. À bout de patience et d'arguments, les parents s'apprêtent à partir. Ils emportent le parasol et entament la comédie de l'abandon. Eh bien ! adieu, bonne nuit ! On vous laisse ! Et ils tournent le dos. Alors le cœur bat fort. La panique submerge. Les enfants abandonnent les vagues, les amis, leur chef-d'œuvre, courent vers les parents. Ils se sentent vaincus mais pas vraiment humiliés. Les vainqueurs, se disent-ils confusément, auraient tort de faire les fiers ; la manœuvre fleure le procédé.

Demeure cette question : comment peuvent-ils, eux, se résigner si facilement à partir ? Est-ce qu'ils ne se plaisaient pas sur la plage ? (Les enfants seront repris du même étonnement quand ils apprendront que c'est la fin des vacances et qu'on leur dira en guise d'explication : « C'est normal, tout a une fin. ») Ils ne cherchent pas à comprendre. Ils obéissent et se mettent à la traîne dans le grand cortège du Retour. Ils geignent tout en jouant à mettre leurs minuscules pieds nus dans les traces plates et profondes des chaussures de leurs parents.

Si *répondre* est de la part d'un enfant un comportement d'insolence qui peut susciter une punition, *ne pas répondre* est une faute plus difficilement repérable. *Ne pas répondre* accorde un délai, permet de s'habituer à l'idée de la défaite et, surtout, de faire durer de quelques minutes supplémentaires le temps de jouer. Vécu dans la mauvaise foi, mais aussi dans l'exaltation du sursis, cet entre-deux d'une surdité feinte est l'apprentissage d'une liberté non de l'affrontement, mais de l'écart, du non-dit : le pire en regard de la morale des familles, de sa volonté de main-mise. L'affrontement, aussi violent soit-il, est une façon d'adhérer, de reconnaître une autorité... Le choix, discret, d'aparté fait par l'enfant peut ne pas attirer les foudres des adultes, mais lorsqu'il le poursuit avec résolution dans l'adolescence et l'applique à des jeux moins avouables que celui de bâtir des châteaux de sable, la famille ne manque pas de réagir. Comme l'écrit, de toute sa superbe arrogance, le jeune Aragon de *La Défense de l'infini* : « L'intérêt n'est pas, comme on croit, le principal ressort des crises familiales. C'est bien plutôt l'hystérie. Ce qui révolte une mère, et passablement de pères, car par des voies plus mystérieuses se développe aussi une psychose paternelle, avant tout, et plus que la rébellion, l'argent demandé, les mauvaises fréquentations et l'alcool et la paresse, c'est le plaisir incommunicable, le plaisir pris au loin, dont rien n'est su, qui reste la propriété du fils aux yeux vagues, c'est la vie personnelle, d'où est absente enfin l'image pâlie du foyer[1]. »

Ne pas répondre relève d'une sage appréciation de la situation. Indéterminée entre présence et absence, entre acquiescement et rébellion, cette marge fuyante a son lieu : le supplément de plage qui émerge à marée basse, le ruban de sable mouillé découvert par le reflux et que la marée haute à nouveau engloutira. Mais, en attendant, qui saurait nous atteindre, alors que, brillants de la flamme impalpable des reflets, nous évoluons dans la confusion de la terre et de l'eau, dans cette liquéfaction de la lumière ? Nous le savons d'instinct à la danse de nos talons contre le sable dur, aux auréoles de sel dont nous léchons l'amertume sur notre peau : il faut prendre son plaisir au loin.

Faire le sourd a ses avantages (cela évite l'affrontement dans des combats perdus d'avance), mais aussi ses dangers. Ne pas répondre peut dégénérer en bouderie et, au-delà, pour l'apprenti rebelle ignorant de la gravité des forces mises en mouvement, en un mutisme qui se referme sur lui : « Bouderie d'enfant, arme pour qui en a si peu,

1. Louis Aragon, *La Défense de l'infini*, édition de Lionel Follet, Paris, Gallimard, 1997, p. 330.

et que plus d'un gamin, que plus d'une gamine découvre un jour ou l'autre, contre laquelle il n'y aura pas une parade facile.

« Refus. *Non* à la participation, au manger, au parler, à la marche, aux jeux mêmes.

« Plus fortement qu'on ne croit, l'enfant connaît la tentation de s'arrêter. [...]

« Grève, la plus primitive. Une aventure aussi, monde irrévélé aux autres[1]... »

Et même lorsque le système de non-réponse n'est pas mené si loin, il laisse des séquelles. À qui a pratiqué d'une manière éhontée la fuite dans le silence, il reste comme un doute. On s'est tellement habitué à ne pas répondre à son nom qu'on y adhère très superficiellement. On éprouve une fragilité, une friabilité par rapport à son identité sociale. On a du mal à répondre présent, ou bien on répond à un autre nom, n'importe lequel... Un jour, dans l'aéroport d'Orly, j'attendais mon vol pour New York. J'entendis une voix sur haut-parleur qui clamait : « On demande madame Hélène Lambert. » Je bondis. L'hôtesse, au contrôle : « Vous êtes madame Hélène Lambert ? » Je dis non et vais me rasseoir.

1. Henri Michaux, *Déplacements, Dégagements,* Paris, Gallimard, 1985, p. 77-79.

Ce n'est pas grave. Le doute sur son nom est riche de virtualités romanesques et l'absence de sentiment d'identité une façon de pouvoir s'inventer. La mauvaise volonté est une stratégie dont la sagesse a fait ses preuves. Économique, elle exige un minimum d'investissements et se révèle redoutable pour les nerfs de l'adversaire. On ne sera pas surpris de la voir en première place dans le manuel de guérilla domestique que constitue *Instructions aux domestiques* : « Si votre maître, si votre maîtresse, écrit Swift, vient à appeler un domestique absent, qu'aucun autre de vous ne réponde. Car vous ne finiriez pas de trimer. Il suffit que chacun de vous réponde quand on l'appelle, les maîtres eux-mêmes en conviennent [1]. »

Et si c'est peut-être vous qu'on appelle, que convient-il de faire ? Se précipiter ? Nullement. « Ne venez jamais que vous n'ayez été appelé trois ou quatre fois, car il n'y a que les chiens qui viennent au premier coup de sifflet ; et quand le maître crie : "Qui est là ?" aucun domestique n'est tenu d'y aller, car "Qui est là" n'est le nom de personne [2]. »

1. Jonathan Swift, *Œuvres,* édition Émile Pons, Paris, Gallimard, « Bibliothèque de la Pléiade », 1965, p. 1243.
2. *Ibid.,* p. 1246.

Et si c'est vraiment vous qu'on appelle ? Pareil. Restez coi. Il n'y a aucune raison de faire du zèle. « Si votre maître vous appelle par votre nom, et qu'il vous arrive de répondre à la quatrième fois, vous n'avez pas besoin de vous presser ; et si l'on vous gronde d'avoir tardé, vous pouvez très légitimement dire que vous n'êtes pas venu plus tôt, parce que vous ne saviez pas ce qu'on vous voulait [1]. »

Dans ce texte corrosif, hilarant, qui a le pouvoir de dissiper toute humeur sombre, Swift propose d'autres conduites de guerre. Par exemple, comment ne jamais avouer une faute pour laquelle le maître vous gronde, mais la rejeter sur le chien, le chat, un singe, un perroquet, un enfant, un domestique renvoyé... Ou bien comment justifier un retard injustifiable, en inventant mille motifs du genre :

« ... votre père vous avait envoyé une vache à vendre, et vous n'avez pas trouvé d'acquéreur avant neuf heures du soir ; vous avez fait vos adieux à un cher cousin qui doit être pendu samedi prochain... on vous a jeté des immondices d'une mansarde, et vous avez eu honte de rentrer avant d'être nettoyé et que l'odeur soit partie... on vous

1. Jonathan Swift, *op. cit.*, p. 1248.

a dit que votre maître était allé dans une taverne et qu'il lui était arrivé un malheur, et votre douleur a été si grande, que vous avez cherché Son Honneur dans une centaine de tavernes entre Pall Mall et Temple Bar [1]. » Du plaisir de raconter des histoires à celui de faire toutes les bêtises imaginables (une des plus jolies est la suggestion, lorsque le chandelier est cassé, de mettre la chandelle dans un os à moelle, un vieux soulier ou avec un morceau de beurre contre la boiserie) Swift couvre un champ d'action spécifiquement à l'usage des domestiques, mais qui, aussi bien, puisqu'il s'agit de personnages qui n'ont pas voix au chapitre, vaut pour les enfants. Gestes de sabotage, d'incurie, initiatives ineptes et désastreuses, le génie destructeur des domestiques selon Swift fait penser à celui des Marx Brothers ou à l'univers de *Zéro de conduite* de Jean Vigo. Il vise à saper la société des grandes personnes par le bas, de ne pas manquer une occasion d'en faire jaillir le ridicule. Personne ne veut prendre la place des parents, des maîtres, des gens au pouvoir. Il faut que

1. Jonathan Swift, *op. cit.*, p. 1244. Dans le même registre, on se souvient de l'excuse : « Ma mère est morte », que donne l'enfant pour justifier son absence à l'école, dans le film *Les 400 Coups* de F. Truffaut.

tout reste en état. Il était piètre au départ. On s'emploie simplement, modestement, avec des moyens de fortune et des créneaux d'intervention limités, à le rendre pire. Et ça nous fait beaucoup rire.

Swift décrit, du point de vue de la caste des invisibles, l'effondrement de l'Ancien Régime. Ainsi servie, et par elle-même capable de rien, la noblesse, c'est manifeste, n'ira pas loin... Deux siècles plus tard, ayant assisté (et pris part) à l'effondrement du régime bourgeois, Guy Debord, dans un bref *Panégyrique* qui constitue un sommet de la rhétorique du non-aveu, a cette réflexion : « Je n'ai jamais vu les bourgeois travaillant, avec la bassesse que comporte forcément leur genre spécial de travail ; et voilà pourquoi peut-être j'ai pu apprendre dans cette indifférence quelque chose de bon sur la vie, mais en somme uniquement par absence et par défaut [1]. »

1. Guy Debord, *Panégyrique,* t. I, Paris, Gallimard, 1993, p. 25.

« Encore un petit moment, monsieur le Bourreau »

La dernière favorite du roi Louis XV, la comtesse du Barry, née Jeanne Bécu, était une vraie professionnelle du plaisir. Son profil était si doux que, dans sa jeunesse, elle avait reçu le surnom de Lange. Bien avant qu'elle soit à Versailles, un rapport de police mentionne à son propos : « Tous nos agréables de haute volée s'empressent autour d'elle. » Au moment de la Révolution, Mme du Barry a cinquante ans. Riche, toujours belle, elle est pour le nouveau pouvoir l'incarnation même de la dégénérescence des mœurs de l'Ancien Régime, de la corruption du libertinage aristocratique, de la faiblesse des rois. On va la chercher au château de Louveciennes où elle a été exilée par ordre de Louis XVI et, en décembre 1793, elle comparaît devant le Tribunal révolutionnaire. Fouquier-Tinville demande la condamnation à mort de « l'infâme conspiratrice ». Il conclut son réquisitoire par cette péroraison : « Oui, Français, nous le jurons, les traîtres périront et la liberté seule subsistera. Elle a résisté et elle résistera à tous les efforts des despotes coalisés, de leurs esclaves, de leurs prêtres, de leurs infâmes courtisanes. De cette horde de brigands ligués contre elle, le peuple terrassera tous les ennemis. »

Traînée à l'échafaud, la proximité du supplice ne provoque chez Mme du Barry aucun sursaut d'héroïsme. Sur la charrette elle gémit, se débat, crie qu'il s'agit d'une erreur. Au lieu de se projeter dans une image plus grande qu'elle – ce que, la précédant, ont su si bien faire Charlotte Corday, Marie-Antoinette, ou Mme Roland –, elle se ratatine de terreur, fond en larmes, tombe en faiblesse. Elle n'a pas de dignité et démontre avec éclat qu'une existence adonnée à la volupté n'est pas la meilleure préparation à la mort. Mme du Barry a perfectionné d'autres talents : elle a su jouir et faire jouir. Elle a aimé les parfums, les rubans, les bijoux, le regard des hommes, leur sexe, leurs mains. Et c'est de ce fond délicieux de frémissements, de caresses, d'orgasmes qu'au moment d'être précipitée sous le couperet de la guillotine monte en elle cette supplication : « Encore un petit moment, monsieur le Bourreau. » Parmi les derniers mots célèbres que la Révolution française a inspirés à ses victimes, et qui tous, qu'ils soient authentiques ou inventés, ont la frappe et l'altière fierté de formules de monuments aux morts, cette prière, pitoyable, détonne. La demande de Mme du Barry, *vivre encore un petit moment,* est bouleversante. Elle rappelle qu'à côté des principes universels, de l'utopie des abstractions politiques, il y a un critère d'évaluation de son existence, subjectif sans doute, et fanatique à sa manière, qui ne considère que le plaisir qu'on y prend. Cette part intime de délectation est peu propice aux enthousiasmes collectifs. Elle n'incline pas au sacrifice, détourne des feux de la gloire, prive la mort de toute grandeur (les témoins ont noté « le cri affreux » de la condamnée à la vue du couperet). Elle ne donne qu'une envie : continuer comme c'était. Pourquoi ? Parce que ça nous plaît. Et même si la vieillesse restreint le champ des promenades et rétrécit l'éventail des bonheurs, il en reste assez pour ne pas prêter la main au Bourreau.

L'éducation de Chateaubriand

Vouloir rester à jamais sur ce rivage qui nous enchante : Chateaubriand, en formulant le souhait d'être enterré sur la presqu'île du Grand-Bé que la marée basse rattache à Saint-Malo, exprime littéralement ce désir : que sa tombe se confonde avec le lieu de ses premiers pas : « C'est sur la grève de la pleine mer, entre le château et le Fort Royal, que se rassemblent les enfants ; c'est là que j'ai été élevé, compagnon des flots et des vents. Un des premiers plaisirs que j'ai goûtés était de lutter contre les orages, de me jouer avec les vagues qui se retiraient devant moi, ou couraient après moi sur la rive[1]. » Il ne se joue pas *des* vagues mais *avec* elles. Il les fuit ou les devance dans l'indistinction de qui mène le jeu. C'est une alliance fusionnelle, l'immersion dans un rythme, l'art de chanter avec les sirènes, de se laisser attirer au profond des abîmes sans faire naufrage. Au cours de son existence errante, Chateaubriand n'a cessé de retrouver la mer :

« Ceci se passait en 1788. J'avais des chevaux, je parcourais la campagne, ou je galopais le long des vagues, mes gémissantes et anciennes amies ; je descendais de cheval et je me jouais avec elle[2]. » Il habite souvent des pièces dont les fenêtres, telle celle de la chambre où il est né, ouvrent sur « une mer qui s'étend à perte de vue ».

L'oreille de Chateaubriand a été bercée de « l'unissonance des vagues ». Son style s'est modelé sur l'horizon marin. C'est la scansion des vagues qui parle dans ses phra-

1. Chateaubriand, *Mémoires d'outre-tombe*, édition de Jean-Claude Berchet, Paris, Bordas, Classiques Garnier, t. I, 1989, p. 150.

2. *Ibid.*, p. 299.

ses, leur rumeur qui vivifie sa rhétorique. Chateaubriand doit-il aussi à la mer, dans l'esprit du célèbre poème de Baudelaire, *L'Homme et la Mer*, (« Homme libre, toujours tu chériras la mer !/La mer est ton miroir ; tu contemples ton âme/Dans le déroulement infini de sa lame... »), son amour de la liberté ? En partie, sans doute ; mais il l'attribue aussi, et de façon décisive, à ses origines aristocratiques : « Je suis né gentilhomme. Selon moi, j'ai profité du hasard de mon berceau, j'ai gardé cet amour plus ferme de la liberté qui appartient principalement à l'aristocratie dont la dernière heure est sonnée [1]. » Chateaubriand a tiré de sa naissance, et de l'exemple de son père, un sens radical de l'insoumission. « J'ai en moi une impossibilité d'obéir », déclare-t-il avec une tranquillité sans réplique. Cette « impossibilité » s'est renforcée de sa fréquentation, tant joueuse que contemplative, avec la mer. Il lui doit une disposition à la rêverie, à sa force de dérive et de détournement, à ce déclic magique qui permet, à tout moment, de se soustraire au tourment d'une activité obligée pour revenir à son théâtre intérieur – rêver les yeux ouverts, abandonnant aux autres un fantoche illusoire. À

1. Chateaubriand, *op. cit.*, p. 123.

Brest où, tout jeune homme, on l'envoie pour parfaire son éducation de « garde de marine », il ignore ses condisciples, se renferme dans sa solitude. Il se promène sur la côte, à l'extrémité de la péninsule armoricaine : « ... après ce cap avancé, il n'y avait plus rien qu'un océan sans bornes et des mondes inconnus ; mon imagination se jouait dans ces espaces [1]. »

J'ai évoqué le bord de mer parce que je ne m'en suis jamais détachée. Il détient, en effet, le miracle d'une circularité. « Sur la plage on passe le temps et le temps passé ne se rattrape qu'à la plage [2] », écrit Marc Augé. La plage est à l'origine de mes plus sûres découvertes, de celles dont je continue de vivre, malgré leur ancrage en un terrain friable, sur lequel, par définition, rien de durable ne s'édifie. Enfant, j'habitais à la plage. C'est fini, bien sûr. La plage a cessé d'être ma résidence principale. Mais ce qui n'a pas cessé, c'est la révélation de l'importance de chaque instant, dont se marquait en

1. Chateaubriand, *op. cit.*, p. 199.

2. Marc Augé, *L'Impossible Voyage, Le tourisme et ses images,* Paris, Payot & Rivages, Petite Bibliothèque, 1997, p. 49.

traits de feu le déroulement de ces jours d'été – des saisons entières où il ne se passait rien. Où, de l'extérieur, chaque journée ressemblait à celle de la veille, sans que cette apparente monotonie altère son pouvoir de fascination. Ce qui n'a pas changé, c'est la priorité absolue accordée à ce qui seul m'importait. Je savais que c'était infime par rapport au monde dit réel. Je ne me faisais pas d'illusion sur l'importance de mes jeux aux yeux des autres. Cette disproportion ne dévalorisait pas ma passion. Elle la laissait indemne, mesurable à l'échelle qui était la mienne. Un ordre de mesure profondément étranger à la Société et à l'Histoire, et, d'une certaine façon, à l'Humain. L'enfant qui grandit au bord de la mer se sent aussi proche des poissons et des crabes que de ses « semblables ». Et quand, à l'école, on essaiera de lui inculquer la notion d'une différence de base, il gardera toujours, par-devers lui, des doutes... Il vivra avec la conscience d'un décalage, spatial, sensuel, imaginaire – temporel aussi : il sait se guider sur les marées, pourquoi apprendre à lire l'heure ?

La plage est le lieu idéal pour ce savoir de nous-mêmes, cette force de distance et d'indépendance, cette désinvolture, qui nous advient de tout ce temps passé à « se jouer ». Elle est le lieu parfait pour un apprentissage sans maître. Selon le photographe Jacques-Henri Lartigue, au talent indissociable de l'esprit d'enfance : « La plage, c'est l'endroit le plus immense de la Terre. On peut y courir "sans limite" et personne ne vous crie de faire attention[1]. » Il n'y a pas que la plage. N'importe quel lieu est idéal (la montagne, la campagne, une grange, un jardin, un bout de trottoir, un coin de chambre...) si, d'y grandir, a pu nous doter d'un sens de l'imagination et d'un principe d'autonomie. Si, hors surveillance et à notre gré, nous pouvions y courir sans limite, sans que personne nous crie de faire attention.

1. J.-H. Lartigue, *Mémoires sans mémoire*, Paris, Robert Laffont, 1975, p. 19.

LES CHAMBRES OÙ L'ON PASSE

Cette pure désolation : la femme seule selon Michelet

Michelet, qui s'enivrait différemment mais sûrement au sang versé par la Révolution et à celui, menstruel, de sa jeune épouse Athénaïs, note dans son journal (le 26 septembre 1868) avoir écrit dans un même élan, à partir de 1857, *L'Amour, La Femme, L'Insecte, La Mer, La Montagne, Bible*, et toute la fin de *L'Histoire de France*. Un élan d'intelligence empathique, de compassion. Surtout en ce qui concerne la femme (mais elle est partout, n'écrit-il pas de la mer : « C'est une mère un peu violente, mais enfin, c'est une mère »). Car il nous présente en elle un être de faiblesse, une créature faite pour souffrir, aux chances de survie problématiques si elle suit sa vocation, nulles si elle s'en écarte.

On ne peut l'imaginer, sinon heureuse (ceci implique une vitalité dont elle est, par nature, dénuée), du moins en harmonie avec son destin, que mariée et mère – maternité qui, hélas ! lui est souvent mortelle. La femme est un sujet inépuisable d'affliction. On pense la femme et les larmes vous viennent aux yeux. Vouloir la définir, c'est fonder une religion, c'est scruter une blessure. Michelet, possédé de la soif du vampire, ne peut s'en arracher. Ceci pour la femme « normale », c'est-à-dire pour la femme compagne de l'homme. Et le tableau semble suffisamment noir. Pourtant, il n'est qu'ombres légères en comparaison de la vision que nous donne Michelet de *la femme seule*. Chétive, la femme est tôt détruite par le labeur physique. Elle est, en outre, incapable de soutenir un effort intellectuel durable. L'étude la rend malade. Et lorsqu'elle s'y consacre, malgré tout, ce n'est que par masochisme : « J'ai parfois, en omnibus, rencontré une jeune fille modestement mise, mais en chapeau toutefois, qui avait les yeux sur un livre et ne s'en détachait pas. Si près assis, sans regarder, je voyais. Le plus souvent, le livre était quelque grammaire ou un de ces manuels pour préparer les examens. Petits livres, épais et compacts, où toute science est concentrée sous forme sèche, indigeste, comme à l'état de caillou. Elle se mettait pourtant tout cela sur l'estomac, la jeune victime[1]. » Quant à passer les examens indispensables à une carrière, elle risque d'en mourir. « Il faudrait aussi, suggère Michelet, laisser à chacune le choix du jour de l'examen. Pour plusieurs, l'épreuve est terrible, et, sans cette précaution, peut les mettre en danger de mort[2]. » La femme ne peut matériellement se suffire. Sa dépendance est flagrante. La notion de métier féminin est une contradiction dans les termes. Ce constat d'une situation qui, à l'époque de Michelet, était en grande partie vraie, n'est pas présenté par l'historien comme lié à des circonstances sociales mais comme définitif et sans recours. En réalité, selon Michelet, la femme ne peut se suffire ni matériellement ni psychologiquement. Son incapacité à gagner sa vie, à jouer un rôle actif dans la société, est l'expression d'un handicap plus terrible et plus profond : un défaut d'être qui fait qu'elle a besoin d'un homme pour s'épanouir, pour devenir elle-même. La femme sans homme est conduite à la mendicité, ou à l'immoralité. Rejetée de l'enceinte d'un foyer, elle est abandonnée à cet effroi : *habiter seule*.

1. Jules Michelet, *La Femme,* Paris, Flammarion, 1981, p. 68.
2. *Ibid.,* p. 68-69.

Avec toute sa verve hallucinatoire, Michelet nous dépeint ce cauchemar : une femme seule dans une chambre. Elle vit petitement, sur un maigre salaire. Les jours de la semaine se répètent, sinistres. Ses dimanches sont accablants. Ces jours-là, tandis qu'elle croupit, morose, lui parvient du même étage, des chambres habitées par des hommes, un brouhaha de bamboche. Les célibataires hommes aiment à célébrer de concert leur liberté, pendant que la pauvrette, calfeutrée derrière sa porte, est malade de peur et de honte. Parce que, au fond, elle sent qu'en s'installant seule dans une chambre meublée, aussi honnête soit-elle, elle a franchi les limites que la bienséance autorise aux personnes de son sexe. Les hommes banquettent, se racontent des histoires salaces, chantent des horreurs et, dans la nuit, persécutent de leurs gros rires la solitaire. Encore heureux s'ils ne se permettent pas davantage. « Elle évite de faire du bruit, car un voisin curieux (un étourdi d'étudiant, un jeune employé, que sais-je ?) mettrait l'œil à la serrure, ou indiscrètement, pour entrer, offrirait quelque service [1]. » Sa

1. Jules Michelet, *op. cit.*, p. 66. Une serviabilité qui n'a pas perdu de son actualité : en voyage au Mexique, je suis réveillée un jour à quatre heures du matin par le veilleur de nuit qui s'inquiète de savoir si je n'ai

chambre est une prison. Où irait-elle ? au café ? au restaurant ? « Que de gênes pour une femme seule ! Elle ne peut guère sortir le soir ; on la prendrait pour une fille. Il est mille endroits où l'on ne voit que des hommes, et si une affaire l'y mène, on s'étonne, on rit sottement. Par exemple, qu'elle se trouve attardée au bout de Paris, qu'elle ait faim, elle n'osera pas entrer chez un restaurateur. Elle y ferait événement, elle y serait un spectacle[1]. » Le message de Michelet est clair : le célibataire mène joyeuse vie (une vie de garçon, qu'il enterre bruyamment la veille de son mariage – et *il faut* qu'il se marie : Michelet ne plaisante pas avec les égoïstes qui renâclent à se marier) ; la célibataire dépérit. Sa vie n'est qu'une lente agonie. Être seule est une malédiction, une tare. « On reconnaît la femme seule au premier coup d'œil », affirme Michelet.

La destinée de la femme seule est terrible, mais lorsqu'il s'agit d'une *femme lettrée* ou d'une *femme de lettres*, alors on s'approche de l'indicible... Il y a une tradition dans la phobie masculine de la femme de lettres. Entre le ricanement supérieur, la fausse pitié ou la franche hostilité, la femme qui écrit

pas de problème avec le système d'écoulement de la salle de bains !

1. Jules Michelet, *op. cit.*, p. 66.

n'attire pas la sympathie des hommes. La réciproque, on le sait, n'est pas vraie. Les femmes, au contraire, se sont toujours montrées prêtes à aimer les écrivains. Compagnes, hôtesses, amies, ou muses, elles n'ont cessé d'encourager leur travail, de leur fournir l'asile et les agréments des salons, d'organiser des lectures de leurs œuvres, de les délasser par leurs conversations (où ne se relève nulle trace de pédantisme : ce qui distingue la femme savante ou bas-bleu, dont on nous apprend à l'école qu'elle est ridicule, de la femme d'esprit). Dans un texte bref intitulé : *Sur les femmes*, Diderot souligne « les avantages du commerce des femmes pour un homme de lettres ». Flattées de leur compagnie, les femmes le sont encore plus de leur servir de matériau, et de leur souffler le modèle de quelques grandes figures féminines sur lesquelles elles n'en finiront pas d'épiloguer... Dans l'optique de Michelet on peut, au mieux, plaindre la femme seule ; mais lorsque celle-ci ose tirer orgueil de son état et prétend atteindre à l'héroïsme, alors le phénomène dépasse l'entendement. Au cours d'une méditation sur le portrait de Charlotte Corday, dont, d'après un journaliste de l'époque, « la tête était une furie de lectures de toutes sortes », Michelet se dit d'abord tenté de l'aimer : « Le peintre a créé pour les hommes un désespoir, un regret éternel. Nul qui puisse la voir sans dire en son cœur : "Oh ! que je sois né si tard !... Oh ! combien je l'aurais aimée !" [1]. » Puis il se rétracte : il a reconnu en elle « le démon de la solitude ».

Michelet publia *La Femme* en 1859, et il avait le démon de l'exagération – un démon qui lui souffle peu après *La Sorcière* (1862), texte dans lequel il reconnaît, et exorcise, les ressources de solitude de la femme. Les poussant à leur extrême, il les incarne toutes en cet être magique, en cette lucide-illuminée, satanique, sibylle, dangereuse et guérisseuse, maléfique et victime... la Sorcière : « Où est-elle ? aux lieux impossibles, dans la forêt des ronces, sur la lande, où l'épine, le chardon emmêlés, ne permettent pas le passage. La nuit, sous quelque vieux dolmen. Si on l'y trouve, elle est encore isolée par l'horreur commune ; elle a autour comme un cercle de feu [2]. » Michelet brise le cercle et restitue la voix qu'il nous interdisait d'entendre. Par là il donne place à un destin de femme dans l'Histoire. Médiateur de « l'électricité féminine », il se transporte dans les transes du sabbat. Il ne se rappro-

1. Jules Michelet, *Les Femmes de la Révolution,* Paris, Hachette, 1960, p. 180.

2. Jules Michelet, *La Sorcière*, édition Paul Viallaneix, Paris, Garnier-Flammarion, 1966, p. 36.

che pas pour autant de la compréhension de cette scène brûlante et froide : une femme qui danse seule dans sa chambre... Mais l'on peut se demander si cette notion d'incomplétude, d'attente, attachée à l'image d'une femme seule dans sa chambre n'est pas plus massivement partagée, plus tacitement admise qu'on ne le croit. Par les hommes, qui ne peuvent voir une femme à la terrasse d'un café sans se dire qu'elle est venue là dans l'espoir d'une rencontre. Mais peut-être également par les femmes, celles qui sont passées sans transition de la tutelle des parents au mariage, et donc n'ont jamais connu la brève et récurrente bouffée de soulagement que l'on éprouve à se savoir chez soi, soustraite à toute menace d'intrusion. Mais aussi celles qui, par intermède ou durablement, ont habité seules, non dans la peine et la frustration, mais dans l'euphorie. Sans doute parce qu'il s'agit de moments dépourvus d'anecdotes, sans témoins, qu'ils font difficilement l'objet d'un récit et n'entrent pas dans une conversation, ils sont (comme les paysages de ciel, en avion) propices à l'oubli, invisibles, teintés d'irréalité. Ce sont des pans entiers de notre existence, des mois, des années, parfois les plus décisives, qui tombent dans la catégorie de l'improbable. De ne les avoir pas évoqués du temps où nous les vivions les prive de consistance. Nous n'avons pas de mots pour nous en souvenir. Ils auraient pu, nous semble-t-il, ne pas être. Peut-être d'ailleurs n'ont-ils jamais eu lieu... Alors nous nous en remettons pour les estimer à des stéréotypes, à des images forgées de l'extérieur. Elles les fixent dans la pénombre de la mélancolie, ou, tels les tableaux d'Edward Hopper, dans la lumière blanche de la schizophrénie. Il y a dans le fait d'habiter seule, en particulier pour une femme, quelque chose d'indéfendable, d'intraitable, par le langage et par la représentation sociale – quelque chose qui ne la valorise pas aux yeux du monde, et qu'elle ne sait pas revendiquer comme une force, comme une pratique vitale dont elle aurait la clef.

Chambres de bonnes

Et pourtant si je songe à la révélation essentielle de ma vie d'étudiante, je la dois à l'éblouissement d'un nouveau mode de vie. J'étais dotée d'une adresse personnelle, j'avais *mon* lieu. À la question : « Vous habitez chez vos parents ? », je pouvais répondre : « Non, j'habite chez moi. »

Chez moi. J'en avais été aussitôt ravie. Non au moment où la propriétaire m'avait fait visiter la chambre, mais quand j'y étais revenue seule pour m'installer, à l'instant où, ayant réussi à ouvrir la porte, j'étais restée sur le seuil de ses quelques mètres carrés à contempler le champ encore vide des heures et des jours à venir. J'avais eu un joyeux pressentiment. Je m'étais perçue modifiée par les pouvoirs de ce chez-moi : la même d'une certaine façon, mais plus déliée, l'esprit plus rapide et léger, une pure disposition d'être, sans le poids des attitudes soufflées du dehors, ni la limite des volontés imposées par autrui. Dans ma chambre, à nouveau, j'avais tout le temps. Elle était la jouissance même d'un temps sans division. Le goût retrouvé du temps de jouer. C'est pourquoi la chambre ne m'a pas fait signe d'entrer : je pouvais rester sur le seuil indéfiniment (comme le personnage de la nouvelle de Kafka, *Le Terrier,* qui trouve si admirable son lieu qu'il n'y pénètre pas et se tient à jamais, à l'entrée, en adoration). Ça n'avait aucune importance. Il n'y avait, selon le temps de la chambre, rien par rapport à quoi je puisse être en retard, et, par rapport à son espace, aucune place que je serais venue combler. D'où ma satisfaction lorsque je refermais la porte sur moi et poussais du pied mon sac contre le lit. Dans ce Paris étranger, dont j'ignorais encore tout, ma première chambre, tel le rectangle de douceur d'une serviette étendue sur la plage, m'offrait les contours sûrs d'un abri.

Elle était minuscule, tout en longueur (une très courte longueur) et ouvrait sur le ciel par une fenêtre en arrondi. La chambre ne possédait qu'un seul meuble : une armoire ancienne (d'époque, comme aurait dit l'Odette de *Un amour de Swann*), dans laquelle la domestique de ma propriétaire, la marquise de *, avait déposé une cuvette pour que j'aille chercher de l'eau au robinet commun du sixième étage. L'attention me parut adorable. Le bonheur de ma nouvelle situation m'avait été immédiat. Ainsi que m'avait frappée d'emblée, quand j'étais pensionnaire, le malheur qu'allaient être pour moi les nuits au dortoir. Il se respirait dès l'escalier que nous montions en rang, saturées de Savoir, ceinturées dans un tablier informe sous lequel, quand je m'apercevais dans une glace, je me faisais l'effet de ces meubles de veuves recouverts de housses. Le malheur était encore plus perceptible à la première salle, au bout de laquelle se trouvait la chambre d'une surveillante (je ne l'enviais pas, son sort me paraissait pire que le nôtre. Je la nommais pour moi : *la prisonnière des prisonnières* et *la dernière des chiennes* lorsque je l'entendais, dans l'obscurité matinale, faisant écho au mugissement de la sonnerie, me japper du pied du lit l'ordre de me lever). Enfin, cette violence du malheur explosait à l'arrivée à la dernière salle, que terminait, de même, une chambre de surveillante, jouxtant la pièce des lavabos et des douches, et où m'attendait, étroit, métallique, en hauteur, dominant une couche exactement semblable et minimale, le lit sur lequel je devais grimper pour m'y effondrer, épuisée. Ce dispositif éteignait toute étincelle de joie. L'enjeu se réduisait à tenir le coup : ne pas se fracasser la tête contre un miroir, ne pas étrangler, dans son sommeil, celle qui gisait sous mon sommier. Le bruit de sa respiration m'était intolérable. Je l'avais su tout de suite : ce perchoir ne deviendrait jamais mien. Car qu'est-ce qu'un lit que l'on n'a le droit d'occuper qu'à heures fixes et seulement pour dormir ? Un lit que l'on ne connaît jamais à nouveau (ou encore) défait dans la lumière de l'après-midi, marqueté de motifs lumineux qui nous prennent ensemble, nous baignent dans la même impression, le fouillis des draps et nos peaux nues – qui nous font *un* en quelque sorte. Le règlement interdisait de jour l'accès au dortoir. Je l'entendais exactement comme celui qui, dans une prison, oblige le prisonnier à passer jour et nuit dans sa cellule. Il peut, lui, ne pas quitter son lit. Ça ne le rend pas sa chose pour autant. Comme les barreaux de sa fenêtre ou comme le judas par lequel il est surveillé, ce lit de frustration fait partie de la peine qu'il purge.

À moins que le manque ne s'inverse en comblement et que de nos propres caresses naissent les plus belles amours : « Plaisir du solitaire, geste de solitude qui fait que tu te suffis à toi-même, possédant les autres intimement, qui servent ton plaisir sans qu'ils s'en doutent, plaisir qui donne, même quand tu veilles, à tes moindres gestes cet air d'indifférence suprême à l'égard de tous et aussi cette allure maladroite telle que, si un jour tu couches dans ton lit un garçon, tu crois t'être cogné le front à une dalle de granit[1] », écrit Genet dans *Notre-Dame-des-Fleurs*.

Ma première chambre, rue Notre-Dame-des-Champs, me plut dans l'instant. Ça ne veut pas dire que j'en connus aussitôt toutes les splendeurs. Car elles ne se donnaient pas à contempler, mais se découvraient au fur et à mesure qu'on les vivait. Elles existaient au gré de moments qui, tous, s'inscrivaient

1. Jean Genet, *Notre-Dame-des-Fleurs*, Paris, Gallimard, Folio, 1996, p. 120.

dans un projet d'oisiveté. Il y avait, par exemple, la chambre dans la pénombre d'un demi-réveil, dans lequel une vague lumière (qui n'éclairait pas, comme souvent à Paris, mais se contentait d'indiquer que la nuit était finie), passant à travers les rideaux à carreaux et moulant le relief de l'armoire cache-bassine, l'agrandissait aux prolongements du rêve, auquel je retournais sans tarder. Il y avait la chambre des jours de pluie. Elle se confondait avec l'espace de lecture où j'étais plongée, vibrait du même rythme, était suspendue à la même impatience. Seule la faim pouvait m'en arracher. Jours de pluie, jours splendidement gris – jours pliés aux dimensions de la page, attrapés au piège de son invisible profondeur, de son impalpable intériorité. J'avais traversé des continents, des siècles, ou n'avais pas bougé d'une divagation circulaire, et soudain le soir était là. J'allumais la lampe sans lever les yeux de mon livre. C'était à lui que s'évaluait ma vie, c'était lui qui donnait la mesure de toute chose. Et la chambre, hypnotisée à l'image de mon corps, se soumettait à l'empire du Livre. Non seulement elle n'apportait aucun obstacle, aucune distraction, mais je la sentais qui se resserrait encore (si c'était possible dans un espace où, les bras écartés, je touchais de chaque main une cloison !) pour mieux me protéger, m'isoler. Il y avait aussi le contentement de remonter vers ma chambre, de dévier, à l'entrée, de l'habitat officiel, du registre des gens qui ont leurs noms affichés à la porte de la concierge et d'aller prendre l'escalier de service, par où je m'élevais quatre à quatre jusqu'au parfait incognito.

Heures tardives

J'aimais rentrer chez moi. J'en faisais durer le plaisir. Je m'arrêtais au coin de la rue de Rennes et de la rue Notre-Dame-des-Champs pour boire une bière. Pléiade d'hommes fatigués amarrés au comptoir. Je reconnaissais le rire d'un habitué : un architecte qui ne trouvait que trop vrai le vieil adage *l'alcool tue mais lentement*, sans pouvoir se décider à accélérer le mouvement. Ce même homme, que j'ai vu presque chaque soir pendant une année, m'avait dit une fois : « Toi, tu as des yeux d'espionne. » Avait-il compris que je l'avais deviné ? Il s'est finalement jeté du dixième étage d'un immeuble dont il avait dessiné le plan. C'est lui aussi qui avait raconté cette belle histoire : un gratte-ciel dont les vitres avaient été taillées un brin trop juste, de sorte qu'elles tenaient mal dans leur cadre. Si bien qu'un jour de grand vent elles s'étaient toutes envolées des fenêtres. J'avais un goût particulier pour cette anecdote. J'imaginais la panique des gens pris dans ce cataclysme de verre brisé, leur terreur de périr victimes d'une folie des choses. Le rire du narrateur montait crescendo. S'il lui restait des forces pour poursuivre, il commentait : les vitres s'étaient laissées tomber, découragées à l'avance par tous ces visages qu'il leur faudrait contempler sans broncher. Et il nous fixait avec insistance, comme l'acteur le fait, sur scène, dans les passages du texte où l'auteur s'adresse directement au public. Je commandais une autre bière. Le rire montait très haut, trop longtemps. Il portait le rieur au bord du spasme et propageait dans l'assistance des ondes sinistres. Peut-être pour y échapper, un homme se tournait vers moi : « Vous êtes libre ce soir – Oui, mais permettez-moi de le rester. »

Il faut cette précision, car, si je dis seulement : « Oui, je suis libre », l'interlocuteur traduit en son langage, qui n'est sans doute pas littéralement celui-ci : « D'accord, prenez-moi, occupez-moi, distrayez-moi. Débarrassez-moi de ma disponibilité, de mon apesanteur. Qu'avant même que mes lèvres aient touché la fraîche écume de ce verre de bière, je me sois dépossédée de moi-même et remise pour le moins jusqu'à demain entre vos mains. » L'homme qui demande à une femme : « Êtes-vous libre ? » (ou « Êtes-vous seule ? », considéré comme synonyme – et, d'après la fréquence de la question, il semblerait que tout le monde n'ait pas, pour en juger, le coup d'œil de Michelet !) est dans la même disposition que celui qui, au cinéma ou au restaurant, dans un train, s'informe : « Cette place est-elle libre ? » Oui. Alors il l'occupe. Il n'y a aucune raison qu'elle reste libre. C'est un vide inutile. L'assimilation peut paraître choquante ; elle est constante. Qu'une femme prenne plaisir à boire un verre, seule, la nuit, dans un bar, à se promener sur une plage ou dans les rues obscures d'une ville étrangère est inconcevable. Elle n'est pas libre, au sens où ce terme implique une force positive, un élan qui, contrarié, pourrait devenir héroïque et forcer l'admiration. Elle est déboussolée. Elle stagne, larguée, ou erre au hasard, parce qu'il lui manque quelque chose. Quoi ? C'est écrit partout depuis toujours. Michelet nous l'a démontré, ce n'est que l'écho d'une évidence : il lui manque l'amour d'un homme. On peut le lire dans *L'Insoutenable Légèreté de l'être* : « ... dans la poésie amoureuse de tous les siècles, la femme désire recevoir le fardeau du corps mâle[1]. » L'homme qui aborde une femme dans un lieu public parle en poète, il partage sa foi en une avidité féminine à être lestée du poids de l'homme, en un mal d'aimer chronique, qui nous interdirait à jamais l'accès direct à une facilité d'être. L'homme qui, dans ce bar de la rue de Rennes et dans d'innombrables autres bars, en des nuits mémorables ou oubliées, demande à une femme : « Êtes-vous libre ? » ne songe pas une seconde qu'elle ait pu vouloir ce moment de disponibilité, que peut-être même elle vient de quitter un amant, et savoure en douceur la part de nuit qui demeure, sa jeunesse encore.

Quoi ? Elle aurait quitté son amant après l'amour ? Comme ça, pour aller boire un verre ? « ... dans l'instant qui suivait l'amour, il éprouvait un insurmontable désir de rester seul[2] », écrit Kundera de son personnage. Un homme. Ce peut être vrai d'une femme. Mais pour qu'elle éprouve ce désir, ou pour qu'elle l'exprime, il lui faut faire un saut hors de la tradition, s'envoler du cadre de toutes les images de bonheur à

1. Milan Kundera, *L'Insoutenable Légèreté de l'être*, traduit du tchèque par François Kérel, Paris, Gallimard, Folio, 1996, p. 15.
2. *Ibid.*, p. 27.

deux, romantiques, ancestrales, si rigides et stéréotypées qu'à vouloir faire un pas à côté elle s'en trouve paralysée. Ce qu'elle vit n'a pas déjà été raconté – et dans toutes les traditions picturales, cinématographiques, photographiques, des milliers de fois représenté. Photographiques surtout : ils sont *deux* à sourire, costumés, enlacés, en fiancés, ou, dans la blancheur des aromes et des lis, en mariés, et peu après avec des bébés sur les bras. Il faut aussi changer d'air, se changer les idées : on part en vacances, on voyage, on « fait » Istanbul, Venise, la Grèce, l'Australie, Tahiti, Cuba, Bruges, l'Afrique du Sud, la Corse, le Viêt-nam, le Sahara... Ils sont deux toujours. Mêmes sourires parallèles, les yeux aveuglés de soleil.

Quand c'est l'homme qui, après l'amour, éprouve cet « insurmontable » désir d'être seul, ce n'est pas facile à imposer à sa partenaire. Mais que se passe-t-il si c'est elle qui, se désengageant doucement, cherche au fond du lit sa petite culotte, puis décoiffée, les vêtements boutonnés de travers, gagne la sortie ? Alors cette envie de s'en aller est encore plus difficile à expliquer. L'idéal est que l'amant se soit aussitôt endormi. Sinon, elle aura beau affirmer, répéter que c'était très bien, qu'elle est heureuse, qu'elle l'aime, que c'est parce que c'était si bien qu'elle a envie d'être seule, rien n'y fera, il sera convaincu du contraire. Il croira que si elle s'en va, c'est parce qu'elle est triste, mécontente, ou amoureuse d'un autre auprès de qui elle retourne. Mais non, je n'aime que toi... Les tentatives d'éclaircissement accentuent le malentendu. Alors, par lassitude, peut-être se résignera-t-elle à rester. Et il faut souhaiter à tous deux que ne s'entame pas ainsi l'enfer d'une insomnie partagée, qu'ils souffrent côte à côte, muets, les yeux ouverts dans le noir, la respiration oppressée, à suer de chaleur et d'angoisse. Le temps s'est arrêté tandis que de l'un à l'autre la séparation ne fait que croître. L'autre est si loin désormais qu'elle ne peut plus partir. Elle ne peut même pas bouger dans le lit et soupirer tout haut. L'espace mortifère de la tragédie s'est refermé sur elle. Ce lit qui, tout à l'heure, lui était aussi léger que nacelle préfigure maintenant le double tombeau conjugal, sous la dalle.

Elle peut aussi ne pas céder et, malgré tout, partir. Mais elle ne s'en ira pas du même pas. Et la nuit, pour elle, aura perdu de son charme et de sa limpidité – de son silence. Parce qu'elle l'aborde irréconciliée, poursuivant dans sa tête la dispute, cherchant d'autres excuses, d'autres arguments, d'autres raisons. Elle est une femme habitée par le chaos du conflit, ou une femme sous influence – une femme qui, en toute situation, seule, avec un ami ou une amie, continue de s'adresser à Celui qu'elle n'a pas réussi à convaincre, à modifier selon son gré. Combien de conversations entendues par hasard au restaurant, à l'heure du déjeuner, entre deux femmes qui ne « se » parlent que pour ressasser les griefs d'un divorce, la blessure d'une trahison, toutes les preuves d'égoïsme et d'incompréhension, d'ingratitude – toujours de sa part à Lui, le Traître. Ou de leur part à eux, les enfants, ils ont leur vie à eux, mais quand même...

Ce temps était une pause dont elles auraient pu disposer pour leur plaisir. Il est barré par la croix fatale de l'idée fixe. Elles n'ont qu'une hâte, qu'une soif, avant d'avoir commandé leur bouteille d'eau minérale, c'est de revenir au motif qui les torture, au ressentiment qui les mine. Dans leurs doubles monologues, dans le martèlement de ces phrases si souvent répétées se perçoit l'écho de scènes sanglantes – leur *bruit.* Car, au cours d'une scène, on se rassure au bruit que l'on fait. On crie très fort dans l'espoir confus que cet événement extérieur, sonore, indéniable, tienne lieu de celui, intérieur, silencieux, irrévocable, de la rupture, et nous en épargne la douleur.

Or il est capital qu'à un certain moment

le bruit cesse. L'apprentissage des années où l'on vit seul est un apprentissage du silence. Et si je m'amuse à faire durer les rites du retour, si je m'attarde outre mesure dans les bars, c'est pour le plaisir de boire et d'écouter les conversations de bistrot... L'alcoolique a par rapport au monde la liberté du bouffon par rapport au roi. Ils ont le droit de tout dire parce que c'est pour rien. Dans ce qu'ils disent, il peut y avoir des traits de génie, mais ceux-ci aussi sont sans conséquence. Au matin, il n'en reste rien. Les éclairs de la conscience de ce gâchis, de ce potlatch des plus belles ressources d'une intelligence, suscitent en l'homme ivre – alors même qu'il est en train de rouler plus bas que terre – des accents d'un orgueil radical. Il méprise d'un même mouvement le peuple serf des travailleurs, le cercle rampant des courtisans, et jusqu'au roi lui-même. Souveraineté dont Guy Debord exprime bien la saveur : « J'ai d'abord aimé, comme tout le monde, l'effet de la légère ivresse, puis très bientôt j'ai aimé ce qui est au-delà de la violente ivresse, quand on a franchi ce stade : une paix magnifique et terrible, le vrai goût du passage du temps[1]. »

1. *Panégyrique, op. cit.*, p. 43.

Cette manière de rester le plus longtemps possible dans la confusion des propos de café relevait aussi de l'art (musical en quelque sorte et pervers) de me rendre davantage perceptible l'instant où je tournais le dos à ce fond de rumeur, où, dans le calme nocturne de la cour de l'immeuble, j'anticipais le silence de ma chambre. Au pied de l'escalier une petite plaque d'émail pointait d'un index autoritaire l'entrée de service. Elle émanait d'un XIXe siècle révolu (comme sur certaines façades les lettres à demi effacées : Gaz à tous les étages), vestige d'un temps où les domestiques, rouages indispensables d'une société bourgeoise nettement cloisonnée, appartenaient à une classe qui ne se mêlait pas à celle des maîtres. « Votre tâche finie, regagnez vos gourbis et qu'on ne vous voie point traîner dans nos quartiers », disait le doigt aux ongles soignés. « Qu'attends-tu pour rejoindre ton tapis volant ? » me disait la main momifiée, depuis longtemps coupée des messages qu'elle transmettait. Retourne rêver en tes hauteurs, travaille ta lucidité, perfectionne ta conscience – s'il est vrai selon Cioran que : « La conscience est apparue grâce aux instants de liberté et de paresse. Lorsque tu es étendu, les yeux fixés sur le ciel ou sur un point quelconque, entre toi et le monde un vide se crée sans lequel la conscience n'existerait pas [1]. »

Allumer la lampe, fermer les rideaux

Dans cette extraordinaire méditation-promenade qu'est *Une chambre à soi*, publiée en 1929, à une époque où la situation des femmes, bien qu'améliorée par rapport à celle de 1859, (année de la publication de *La Femme* de Michelet), était toujours peu propice à leur indépendance, Virginia Woolf, à qui l'on avait demandé une conférence sur les femmes et le roman, préfère à l'exposé et à l'analyse de ces productions littéraires l'examen des conditions de possibilité d'une écriture féminine : « Il est indispensable qu'une femme possède quelque argent et une chambre à soi si elle veut écrire une œuvre de fiction [2]. » De l'argent, Virginia Woolf pose comme minimum nécessaire la somme de cinq cents livres par mois, qui ne résulte pas d'une activité aliénante et dégradante, telles celles

1. Cioran, *Œuvres, Des larmes et des saints,* Paris, Gallimard, Quarto, 1995, p. 295.

2. Virginia Woolf, *Une chambre à soi,* traduit de l'anglais par Clara Malraux, Paris, Bibliothèque 10/18, 1996, p. 8.

alors accessibles aux femmes : « Auparavant, je gagnais ma vie en mendiant d'étranges travaux aux journaux, en faisant ici un reportage sur une exposition de baudets, là un reportage sur un mariage ; je touchais quelques livres, en écrivant des adresses, en faisant la lecture à de vieilles dames, en fabriquant des fleurs artificielles, en enseignant l'alphabet aux petits enfants dans un jardin d'enfants. Telles étaient les principales occupations réservées aux femmes avant 1918 [1]. » Dans ces cas, son salaire misérable gagné dans la servitude et dans un sous-emploi de ses facultés l'emplit de haine contre ses employeurs, la rend amère, l'obsède de vengeance. Cette liberté matérielle est trop durement acquise pour qu'elle ne se double pas d'une totale absence de liberté d'esprit. L'argent obtenu à ce prix n'engendre pas la paix intérieure, le haut degré d'incandescence qui, pour Virginia Woolf, sont les formes d'une « liberté immatérielle » sans laquelle aucune œuvre de fiction ne saurait voir le jour. Car, et c'est un point sur lequel elle revient plusieurs fois (à sa manière souple, sur le mode promeneur, dont elle raconte les deux journées qui ont précédé sa conférence et dont

1. Virginia Woolf, *op. cit.,* p. 56.

les réflexions l'ont amenée à cette conclusion, presque un mot d'ordre : *cinq cents livres de rentes et une chambre à soi*), posséder une chambre personnelle est un pas décisif dans la conquête de la liberté, mais ce n'est pas assez : il faut aussi qu'elle soit habitée dans une disposition d'esprit particulière, dans une insouciance qui nous projette au-delà du ressentiment, de la colère des règlements de compte. Que l'image de ce qu'il nous a fallu vaincre pour y accéder ne nous encombre pas, qu'elle ne s'insinue pas comme un obstacle intériorisé – comme la perpétuation de ce supplice des interruptions qui brisait à tout moment l'élan mental d'une femme : « Si une femme écrivait, elle devait le faire dans le salon commun. Et sans cesse on interrompait son travail – chose dont miss Nightingale devait se plaindre avec tant de véhémence : “Les femmes n'ont jamais une demi-heure dont elles puissent dire qu'elle leur appartienne”[1]. »

Une chambre à soi, c'est l'accès à ce luxe inouï pour une femme des siècles passés (Virginia Woolf nous le rappelle, Jane Austen ou Charlotte Brontë ont écrit leurs romans sans disposer du moindre espace privé, à l'insu de leur entourage, et ayant

1. Virginia Woolf, *op. cit.*, p. 99.

même du mal pour réunir l'argent nécessaire à l'achat des feuilles de papier) : jouir d'un temps ininterrompu, évoluer dans le continuum d'une vie conceptuelle et imaginaire pleinement explorée. Alors liberté matérielle et liberté immatérielle coïncident – et l'espace de la chambre ne fait qu'un avec la précieuse sagesse d'Épictète : s'en tenir à ce qui dépend de nous, c'est-à-dire « aux choses qui sont par nature libres, échappent aux empêchements des hommes ou aux entraves des choses » (*Manuel*).

La chambre est l'empire de cette non-dépendance. Elle peut être d'allure modeste et de surface réduite, elle n'en contient pas moins un principe d'invincibilité – elle est, en réalité, aux dimensions d'un irréductible : cette volonté en moi d'aller jusqu'au bout de mes possibilités.

À Neauphle, dans sa maison de campagne, où elle passait de longues périodes de solitude, Marguerite Duras accueillait aussi des amis. Lorsqu'ils partaient en promenade ou retournaient chez eux, elle se retrouvait à nouveau seule : « La sorte de silence qui suivait leur départ je l'ai en mémoire. Rentrer dans ce silence c'était comme rentrer dans la mer. C'était à la fois un bonheur et un état très précis d'abandon à une pensée en devenir, c'était une façon de penser ou de non penser peut-être – ce n'est pas loin

– et déjà, d'écrire[1]. » Dans ce même texte, qui si souvent s'entend comme un prolongement de la méditation de Virginia Woolf, Marguerite Duras considère *Une chambre à soi* comme un livre inaugural, fondateur, un livre dont l'influence, immense pour les femmes, nulle pour les hommes, trace une ligne de partage entre les sexes.

Parce que ma chambre n'est rien d'autre que l'espace de ce qui dépend de moi, j'en change autant que je le désire. J'enlève mes posters et je les épingle ailleurs. Je ne suis pas liée à ces murs. J'emménage dans un nouvel immeuble, un autre quartier, je visite Paris. Et, chaque fois, la chambre commence avec moi.

Cette mobilité m'exalte. Je pars pour partir. Je frôle la liberté d'indifférence. Sa rageuse absurdité. Mais aucune chambre ne ressemble exactement à une autre. Leurs particularités justifient l'excitation d'un lieu inconnu. Ce sont des détails d'orientation, des variations dans la forme, la dimension, la hauteur des fenêtres (j'apprends alors

1. Marguerite Duras, *La Vie matérielle*, Paris, Gallimard, Folio, 1994, p. 54.

qu'une ouverture sur le dehors trop élevée pour qu'une personne puisse y accéder s'appelle un « jour de souffrance »), des nuances dans la couleur du papier peint, des écarts dans le degré d'inclinaison du plafond (il y a des chambres mansardées où l'on ne tient pas debout), des sols de plancher ou, rouge vif, carrelés de tommettes, des aberrations techniques tel ce robinet qui, lorsque je le ferme, émet le bruit d'une sonnerie de téléphone, comme pour me rappeler gentiment que je ne l'ai toujours pas... Mais ce ne sont pas des singularités d'atmosphère, des colorations d'âme. Entrant dans ces chambres qui n'ont jamais offert que des refuges passagers (même si des vies entières s'y sont déroulées), on n'entre chez personne. Elles sont le contraire des maisons, de leur enracinement dans le passé des générations, de leur complicité avec les fantômes, et de tous les aveux désespérés, toutes les folies dont leurs épais murs détiennent le secret. Lisons à nouveau Virginia Woolf qui sut se mettre à leur écoute : « Les chambres diffèrent si totalement les unes des autres ; elles sont calmes et pleines de bruit, donnent sur la mer ou, au contraire, sur la cour d'une prison ; elles sont encombrées de linge qui sèche, ou toutes vivantes d'opales et de soieries ; elles sont rudes comme des crins de chevaux ou douces comme des plumes – il suffit d'entrer dans n'importe quelle chambre de n'importe quelle rue pour que se jette à votre face toute cette force extrêmement complexe de la féminité. Comment pourrait-il en être autrement ? Car les femmes sont restées assises à l'intérieur de leurs maisons pendant des millions d'années, si bien qu'à présent les murs mêmes sont imprégnés de leur force créatrice [1]. »

Les chambres des années d'étudiante ne sont pas imprégnées de notre force créatrice. Nous n'y restons pas assez longtemps et, de toute manière et à supposer qu'elle existe, pour l'instant nous la laissons en friche... Nous l'utilisons autrement, nous la dilapidons gaiement. Plus tard sans doute nous le regretterons ; mais, encore plus tard, nous nous en réjouirons et égrènerons dans notre mémoire le nom de tous ces bars où nous nous sommes adonnés à l'intense activité, à l'essentielle futilité de ne rien faire, de perdre son temps avec délice... Au Bar des Oiseaux, de la Nuit, des Amis, de l'Avenir, des Savants, des Sportifs, du Progrès, des Philosophes, de la Moustache, de la Flottille, de la Marine, des Amarres, de la Patache, de la Passerelle, du Sud, du Nord,

1. Virginia Woolf, *op. cit.*, p. 131.

de l'Univers, de la Licorne, au Café de Turin, de Madrid, d'Amsterdam, de la Plage, de la Gare, d'En face, de la Jetée, du Soleil, des Amériques, des Négociants, des Amateurs, des Voyageurs, des Artistes, des Folies, du Siècle, au Café de la musique, au Tout va mieux, aux deux Garçons, aux deux Princes, aux trois Diables, à la Fronde, au Florian, au Régent, à la Vielleuse, au Trianon, au Temps perdu, au Lapin agile, Chez Alice...

C'est dans les cafés que l'on traque le fantôme de la liberté.

Sans enfant

La vie d'étudiant, avec ses belles journées sans frontières, est à l'opposé de ce que doit nous apporter l'âge adulte, soi-disant porteur des vraies valeurs : une vie construite sur l'horreur du vide, du moindre interstice de temps creux, non utilisé, vie bourrée à craquer de tâches, de postes, de fonctions, de responsabilités, de projets (on *a* un avenir et on le gère). Il y a toujours moyen d'ajouter quelque chose, la journée est d'une texture extraordinairement extensible. On peut la cueillir à son aube, et, premier temps fort dans un déroulement où l'efficacité est aux commandes, faire du petit-déjeuner un rendez-vous d'affaires ou politique (pourquoi ne pas restaurer la cérémonie royale du lever – « Petit Lever » et « Grand Lever » –, on pourrait ainsi débuter la journée publique encore plus tôt), à la suite de quoi tout s'enchaîne, tambour battant, jusqu'à la nuit. Le jeu est de se surpasser, de ruser avec sa fatigue, soit de l'ignorer complètement, d'être insensible aux signaux de son corps (de ne pas s'écouter, comme dit la formule), soit de décréter que la fatigue est notre meilleure alliée, que tension, angoisse, nervosité constituent un cocktail délicieux qui fouette le sang et l'imagination. *Workaholics* : c'est plus fort qu'eux, il faut qu'ils s'enfournent des dossiers, qu'ils s'inventent un régime fructueux d'insomnies ; il le faut, car à la moindre pause ils s'effondrent. Et, en effet, ils font pitié dans les rares moments où ils sont forcés de s'arrêter de travailler. Soit que le lieu l'interdise : à l'Opéra, par exemple, quand dès les premières notes de *Cosi fan tutte* ils se débattent en vain contre la sensation brutale de leur épuisement... Et chutent dans un trou noir dont ils émergent au bruit des applaudissements. Soit qu'ils capitulent parce qu'ils n'en peuvent vraiment plus : c'est un spectacle étrange, à certaines heures, le soir, dans le train, de voir des wagons entiers emplis d'hommes d'affaires endormis. Ils ont, dans leur coma, des rapprochements tendres qui leur échappent. Je les observe et me demande ce que je fais là, seule à être éveillée au milieu de cette troupe qu'un TGV rapatrie au plus vite dans leur lit. Et de ce temps Très Grande Vitesse que retient leur mémoire ? Rien, ou presque. Des accrocs dans la planification, des lapsus dans le discours préparé, la surprise d'un climat différent, lorsque l'avion s'est posé sur une piste du bout du monde. La sueur soudain leur dégouline des aisselles, trempe chemise et veste. Elle descend en ruisselets autour des yeux, dans les oreilles. Ils ont l'esprit perdu et, au lieu de se focaliser sur les trois points de cet entretien avec le président, ils sont traversés d'envies bizarres, contradictoires – mordre dans une pastèque glacée, ou dans un corps brûlant...

De toute manière la vie pleine, la vie vécue à trois cents kilomètres à l'heure, un jour s'arrête. Il vient un lundi matin où il n'y a plus à se rendre à son bureau (sur la porte duquel est inscrit un autre nom que le vôtre) et où, pour toutes les semaines et tous les mois à venir, les pages de votre agenda sont blanches. Ce lundi fatal vient de plus en plus tôt puisque l'âge de la retraite ne cesse d'être avancé. Essayant de prévoir le futur et sûre que rapidement les femmes seraient, dans le travail, les égales des hommes, Virginia Woolf croyait que leur durée de vie en serait réduite, qu'elles mourraient tôt, comme eux. (Elle voyait l'avenir des femmes selon une progression harmonieuse, alors que coexistent en chacune d'entre nous plusieurs femmes, appartenant à des époques disparates, dont certaines très archaïques. Une femme peut avoir un poste important, sans que, dans sa vie privée, cela altère en rien la position de supériorité absolue, innée, qu'elle accorde aux hommes, seuls détenteurs de son bonheur.) Les choses, on le sait, ont suivi une autre évolution. Les femmes ont bien accès à la sphère du travail, mais ses conditions ont changé. Résultat : les deux sexes se retrouvent éjectés de la vie active, avec devant eux une longue phase d'inactivité. C'est alors que l'enseignement des années d'étudiante, ce à quoi, indirectement, elles nous ont formés et qui constitue leur véritable valeur : le vagabondage dans les livres et dans le monde, le goût des amitiés de café, des rencontres de hasard et des conversations à perte de vue, l'approfondissement d'un amour de soi instinctivement à l'œuvre dans les jeux d'enfance... c'est alors que tout cela, tout cet « acquis » venu dans le désordre, en surplus sinon en obstacle aux études et à la préparation à un métier, apparaît comme l'essentiel – comme ce sans quoi on n'a plaisir à rien, et surtout pas à ce retour en fin de parcours d'une situation de jeunesse – à cette comédie d'être remis de force en vacances – en Très Grandes Vacances.

Écoutons Nietzsche : « *Ce qu'il y a de comique chez beaucoup de gens laborieux* – Par un surcroît d'efforts, ils arrivent à se conquérir des loisirs et, lorsqu'ils sont arrivés à leurs fins, ils ne savent rien en faire, sinon de compter les heures jusqu'à ce que le temps soit passé [1]. »

Je vais faire un tour sur la Promenade des Anglais, à Nice (où, à côté de l'opéra, au 26, rue Saint-François-de-Paul, une plaque, depuis lors enlevée, rappelait : « Frédéric Nietzsche et son génie tourmenté habitèrent cette maison 1865-1866 »). Partout, face à la mer, sur des bancs, des fauteuils, sont assis des gens âgés. Ensemble, ils ébauchent quelques linéaments de conversations, mais elles prennent rarement. Le plus souvent le silence l'emporte. Vient-il de ces longues heures de contemplation en bleu, où se dissolvent leurs résistances à ne rien faire, leurs dernières velléités d'activité ? Assis là, au

1. Friedrich Nietzsche, *Opinions et sentences mêlées* (premier tome de la deuxième partie de *Humain, trop humain)*, traduit de l'allemand par Henri Albert, Paris, Denoël-Gonthier, 1981, p. 42.

premier rang, au-dessus des vagues, bercés de cette basse continue de musique wagnérienne que font les galets en roulant sur eux-mêmes, ils semblent vaincus par une splendeur qui les dépasse.

Dire qu'aucune conversation ne prend est faux. Il y a deux sujets inépuisables. Les mœurs de la jeunesse actuelle, déplorables. Leurs enfants et petits-enfants. À leur propos, les jugements se nuancent, mais se révèlent le plus souvent négatifs. Ce ne sont pas les enfants eux-mêmes qui déçoivent mais plutôt la femme ou l'époux qu'ils ont choisis. Ce sont eux, les étrangers, qui introduisent dans un rejeton sain la corruption de l'époque. Et c'est avec eux, hélas ! qu'ils se reproduisent. Douloureuse est la liste des blessures subies, lourd le bilan des sacrifices inutiles. Là, sur la Promenade des Anglais, avec devant soi la mer illimitée et en soi la cruelle limite de son passé, se décline en mille variantes, toutes plus sordides les unes que les autres, *Le Père Goriot* de Balzac. À moins d'être soutenues par une profonde conviction religieuse, les histoires de sacrifice laissent un goût amer. Or la plupart de ces parents, mécontents d'être délaissés, mal aimés, manquent de foi. Alors ils reprennent, chacun pour soi, mais certains que de banc en banc la même tristesse se distille, la longue plainte des griefs. Je m'assois sur la plage. Une femme vient à moi, juste pour me raconter comment par les manigances d'une belle-fille avare elle a été chassée de sa propre maison, en Bretagne. Constatant que son histoire m'indiffère, elle attaque : « Et vous ? Vous êtes contente de vos enfants ? Vous vous entendez bien avec eux ? – Je n'ai pas d'enfant. (Silence, long regard.) – Ce doit être une chose terrible », dit-elle, et elle me tourne le dos.

Pas d'enfant. Cette petite phrase simple énoncée *matter of fact*, en passant (on me pose une question, je réponds), comme on pourrait dire : *Je ne parle pas portugais*, a le don de faire circuler autour de soi un air froid – le verdict muet d'une antique réprobation. Les femmes en votre présence vous regardent autrement. Comment cela : vous n'avez pas d'enfant ? Vous n'êtes pas une mère ? Vous n'avez jamais désiré un bébé ? Impossible ! Toute femme désire un bébé. C'est son instinct, l'accomplissement de sa nature. Une femme sans enfant est une femme inachevée. Elle mérite à peine ce nom. Pour cet être contre nature, il faudrait inventer un autre terme. Regardez les stars, elles veulent tout, la carrière et le bébé : *Tout de suite un bébé. Très vite trois enfants. Pour la rentrée : un bébé, un film, un roman*... Me reviennent en mémoire les mots d'un médecin exaspéré de devoir être complice d'une femme aussi peu concernée par ses virtualités de reproduction : « Vous n'êtes pas fatiguée à la longue d'avaler des contraceptifs ? » Non, je n'étais pas fatiguée. Du tout. Je trouvais même que la pilule avait bon goût. Par contre, croyais-je, et c'était quand même à moi d'évaluer mes capacités d'endurance, je serais fatiguée d'élever une famille. Chacun son point faible. Manifestement, et bien que spécialiste du corps humain, il faisait partie de ces gens, innombrables, qui, selon la remarque de Philippe Muray[1], confondent, s'agissant des femmes, le sexe et le ventre. Il ne voulait pas en entendre davantage ; je n'avais pas envie d'en dire plus. Face à une hostilité que viennent conforter, dans une unanimité confondante, aussi bien la loi de l'espèce que le commandement de la religion et la bénédiction des médias, comment me défendre ? Que pourrais-je dire ? Que rien dans cette histoire ne m'a jamais attirée, ni la grossesse, ni l'accouchement, ni le quoti-

1. « Pourquoi, je lui demandais, pourquoi toujours le mot "ventre" dans ce contexte ? Je commençais à l'ennuyer. Quel contexte ? Eh bien, en pleine action justement. Dans la glissade érotique. Au milieu du vol plané sexuel. Dans le contraire, précisément, des travaux de procréation », Philippe Muray, *Postérité*, Paris, Grasset, 1988, p. 52-53.

dien de nourrir un enfant, de m'en occuper, de l'éduquer. Que l'idée d'un amour qui se déclenche aussi automatiquement et pour si longtemps (avec toute chance de me survivre) m'est pénible. Que je n'ai pas d'énergie pour ce qui risque de durer toujours, pour ce qui ne se vit pas au rythme des « intermittences du cœur ». J'aurais pu dire aussi que j'habitais des chambres trop petites, d'où je déménageais trop souvent. Que j'avais du mariage un imaginaire nul et un sens des responsabilités inexistant. Que j'étais égoïste, infantile, trop portée à m'amuser pour m'intéresser aux jeux d'un autre. Que je n'ai jamais senti le lien entre mon désir pour un homme et celui d'avoir un enfant. Il me manque un maillon. Peut-être aussi est-ce lié à cette phobie d'être interrompue par mes parents quand j'étais enfant ? Plus tard, j'ai regardé autour de moi et j'ai constaté que ma vision était partiale. J'ai observé de jeunes enfants avec des mères : ils n'arrêtent pas de les interrompre ! Le temps fragmenté, en réalité, c'est celui de la mère de famille. Et il relève de son savoir-faire et de sa discrétion d'en masquer l'épuisante répétition, l'aliénant labeur. Comme l'écrit Marguerite Duras, la femme au foyer « doit inventer son emploi du temps conformément à celui des autres gens, des gens de sa famille et de ceux des institutions extérieures [...]. Une bonne mère de famille, pour les hommes, c'est quand la femme fait de cette discontinuité de son temps, une continuité silencieuse et inapparente[1]. » Tu verras, à ton tour, quand tu auras des enfants, me disait ma mère. Eh bien ! je n'ai pas vu. J'ai sauté mon tour...

Je me tais. Je n'ai rien à évoquer. Aucune raison convaincante. C'est un thème sur lequel il ne m'importe pas de faire des adeptes. Un thème inconsistant à mes yeux. D'où le silence des femmes sans enfant. Il contraste avec l'intarissable parole des mères et sur les mères. Avec l'omniprésence des Vierges à l'Enfant. Paroles de femmes et paroles d'hommes : celles-ci exprimées dans la dévotion ou dans le blasphème, l'exécration. Mais toujours dans la véhémence. Les imprécateurs contre les mères, les grands adeptes de la stérilité, tonnent : Swift, Sade, Schopenhauer, Nietzsche, Thomas Bernhard, Kundera... Ils parlent pour eux-mêmes ou pour leur œuvre, contre une puissance de fertilité qui leur est étrangère. Ils jouent une scène intense et désespérée avec la Femme. Dans leur volonté d'échapper à la Loi de l'espèce, ils font feu de tout bois, usent de n'importe quel argument,

1. Marguerite Duras, *op. cit.*, p. 57-58.

même misogyne. Le but pour eux est de sauver la singularité de leur existence, l'absolu de leur création.

Une femme qui refuse la maternité est verbalement moins excitée – moins philosophique et déclamatoire. Faible avocate de sa cause, minoritaire dans son propre sexe, elle est consciente de son appartenance, et elle ne peut constituer la Femme en interlocuteur Ennemi. Quant à s'adresser aux hommes, mettre en question leur désir de paternité, s'en protéger : c'est une intervention utile et nécessaire à l'occasion, mais elle suscite rarement des tirades à ambition universelle. Un homme qui ne veut pas d'enfant dit non à l'autre, à l'aimée soudain changée en un adversaire dont la beauté et les larmes risquent de le faire céder – une femme qui ne veut pas d'enfant dit non pour elle-même, et son refus, bien que souvent inaudible ou non articulé, est sans appel. Ce n'est qu'une ellipse. Une touche décisive de négativité dans le dessein d'une vie. Un hommage à l'esprit de rupture.

MANIÈRES DE VOYAGER

Dans ces années studieuses, dédiées à l'art d'aimer et d'habiter sans lendemain, le voyage me paraissait la seule vocation possible ; une activité dont l'objet était si vaste qu'il excédait les ressources d'une vie. Aucun risque de lassitude, ni d'ennui ! Il y avait tant à voir, pourquoi se soucier d'acquérir un métier, pourquoi construire sa propre prison ? Je ne comprenais pas cette obstination à forclore le futur sous prétexte de se forger des armes pour le maîtriser. Il suffisait, me semblait-il, d'aller... or multiples sont les manières de voyager. Et, contrairement à ce que je croyais avec naïveté quand je voulais en faire ma « profession », ce n'est pas au nombre de kilomètres parcourus qu'elles s'évaluent. Ces diverses manières, je les distingue ici, parce qu'on avance dans l'écriture, comme dans l'espace, linéairement, mais elles ne cessent de se mêler et de se fondre. Et c'est, en nous, tantôt le promeneur, l'explorateur, le fugueur, l'aventurier qui domine et trace la voie.

Se promener, partir

Il est dommage de ne pouvoir se souvenir de la première fois où l'on a su marcher, du jour où le monde, au lieu de se réduire à l'arche d'un berceau, au lisse d'un plafond, au feuillage d'un arbre, s'est dressé devant nous et, s'offrant à des parcours autonomes, s'est révélé inépuisable. Du jour où j'ai su nager, pourtant presque aussi éloigné que le premier, il me semble que je garde non un souvenir racontable, mais une trace vive, dont le réveil fait de chaque bain un émerveillement : je flotte et les profondeurs bleutées que je mesure du regard non seulement ne signifient pas ma perdition, mais plus elles s'accroissent, mieux elles me portent...

L'acte de marcher, de sortir de chez soi pour aller se promener, ne réactive pas le miracle de savoir marcher (sauf à certaines heures de grâce, ou bien après une longue maladie, lorsqu'il est inouï d'être à nouveau debout, dehors). C'est peut-être pourquoi les écrits sur la marche, ou, dans un roman, les notations sur la démarche d'un personnage, ont toujours retenu mon attention. Ils arrachent cette activité commune à l'évidence du naturel. Ils nous amènent à nous rappeler qu'elle fut une conquête et que notre manière de l'exploiter est un axe pivotal de notre manière de vivre. Comme la découverte de dessins préhistoriques, tout ce qui en nous fait resurgir une mémoire abolie de notre présent, un temps datant d'avant l'évidence d'un savoir acquis – celui de la parole, par exemple – est fascinant. Ainsi, apprendre une langue étrangère est toujours une expérience forte. Il y a cet inconnu qu'elle apporte : de nouvelles amitiés, des livres, des villes, tout un pays, mais il y a aussi ce fond chaotique et obscur qu'elle ranime : vertiges de sonorités, volonté d'intelligence, d'éclaircissements et brusques pans d'effondrement, de découragement complet, quand ne brille aucune lueur de progrès et que l'on se croit définitivement condamné à balbutier.

Dans *L'Art de se promener*, le philosophe allemand Karl Gottlob Schelle se réclame d'une sagesse et d'un idéal de sociabilité heureuse. En partisan d'une philosophie populaire, Schelle s'étonne que l'humanité mette tant d'énergie intellectuelle à se poser et à approfondir des problèmes abstraits, tellement séparés de ses besoins quotidiens et de l'horizon de son existence ; alors que pour ce qui la concerne de près, elle ne montre aucune curiosité d'esprit, aucun intérêt philosophique. Comme si la pensée en son exercice le plus pur ne pouvait avoir partie liée avec des questions d'emploi du temps, de nourriture, de sommeil, de solitude et de communauté, d'harmonie physique et mentale, comme si l'intelligence ne devait pas d'abord s'appliquer à organiser au mieux le déroulement de chaque journée (avec ce qu'il implique de conséquences pour nos nuits), décider pour nos occupations d'un ordre de priorité, avant de se lancer dans des divagations abstraites. C'est la fable célèbre du philosophe qui tombe dans un trou parce qu'il a le regard tourné vers les étoiles. Mais doit-on vraiment faire un choix entre le haut et le bas, l'abstrait et le concret, l'esprit et le corps, la philosophie et le monde ? Une pleine attention portée à l'art de vivre en tant que sommet de nos possibilités réflexives et créatives n'a-t-elle pas le pouvoir de réconcilier ce que l'École, la Tradition séparent artificiellement et de nous permettre la plus vaste exploration ? Si l'on est sûr de son équilibre, bon connaisseur du terrain, on peut envisager le ciel et ses constellations sans se casser une jambe. On peut même s'éclairer aux étoiles pour mieux franchir les obstacles. Il faut s'inspirer de l'art du funambule, tendre à sa souplesse aérienne, à son pas de danseur entre ciel et terre.

Ce n'est pas un hasard si le premier chapitre de *Ainsi parlait Zarathoustra* raconte la fable du funambule, du danseur de corde, de celui qui a fait « du danger son métier »... Mais c'est se laisser emporter bien au-delà du propos hygiénique et éthique de Schelle, pour qui le promeneur ne décolle pas du sol. « Dans un art de vivre accompli où alternent, selon un ordre éprouvé, effort et repos, sérieux et jeu, travail et plaisir, la promenade a également sa place[1]. » Se livrant à un éloge de la promenade, Schelle prône cette activité à la fois pour ses bienfaits physiques (le mouvement du corps est une nécessité vitale) et pour sa valeur intellectuelle : hors des murs de la chambre, l'esprit se libère d'une réflexion méthodique et rigoureuse, et s'ouvre à une méditation, dont le cours suit les caprices du spectacle qui s'offre à nos yeux : « Durant la promenade, l'attention de l'esprit ne doit pas être poussée ; elle doit davantage être un jeu qu'empreinte de sérieux. Elle doit glisser au-dessus des objets en quelque sorte, répondre à leurs sollicitations plutôt que de se laisser contraindre à leur étude par

1. Karl Gottlob Schelle, *L'Art de se promener,* préface et traduction de Pierre Deshusses, Paris, Payot & Rivages, Petite Bibliothèque, 1996, p. 24.

l'esprit[1]. » Le promeneur est un expert de l'attention flottante, un amoureux des apparences. Sans but précis, il laisse venir à lui, au gré du hasard, des images – détails, fragments, vision panoramique – qui l'entraînent à la rêverie, donnent à sa pensée des résonances imprévues. Il rêve et pense en même temps, dans un tressage des deux, qui n'est pas l'un des moindres charmes de la promenade. Pour préserver la liberté de ce plaisir, il importe de bien choisir ses lieux de promenade. Dans une petite ville où chacun se connaît, impossible de s'abandonner au « libre jeu des forces de l'âme », car on ne croise personne qui ne soit lié à notre passé et ne nous ramène à la trame serrée de notre histoire. Une grande ville, en revanche, favorise le surgissement de l'imprévisible. Et, même si c'est la ville de notre naissance, tout le temps d'une vie ne réussit pas à la banaliser. On ne cesse de la découvrir. Cependant la grande ville ne suffit pas aux aspirations de Schelle. Elle demeure toujours inscrite dans un réseau de soucis, elle dirige de manière trop autoritaire l'enchaînement de nos idées : il lui faut la nature, parce que « la grandeur et la liberté de la nature libèrent des contingences mes-

1. Karl Gottlob Schelle, *op. cit.*, p. 33.

quines imposées par le carcan citadin[1] ». Mais quelle nature ? Si l'on se fie aux conseils de notre guide, nous fuirons les extrêmes. Un paysage plat éteint les sens, plonge dans la somnolence, tandis que les grandioses perspectives de la montagne sont trop impressionnantes. Certes, elles nous mettent en éveil, mais poussent trop loin l'excitation. Et, entre exaltation et terreur, l'âme n'a plus une seconde de sérénité. S'éloigne-t-elle d'un sommet pour se rafraîchir aux berges d'un torrent, c'est pire :

« ... à cause des énormes masses d'eau, toujours oppressantes pour l'âme, qui entravent ainsi la liberté du cœur[2] » ! Schelle se méfie du sublime. « Qui ne voudrait se promener qu'au milieu des Alpes ? », interroge-t-il. Alors vers où diriger ses pas – afin que le cœur ne batte pas la chamade et que, dans notre désir d'être « tout à nous-mêmes », nous ne laissions pas la nature nous obséder de sa puissance (exactement comme dans les rues souvent parcourues nous sommes obsédés par les visages familiers) ? Schelle suggère la douceur des vallées qui, sans nous étouffer, nous donnent l'impression « d'être protégés du reste du monde ». Son

1. Karl Gottlob Schelle, *op. cit.,* p. 48.
2. *Ibid.,* p. 93.

idéal de nature, au fond, est un immense jardin, point trop peuplé, et dont les limites nous demeurent invisibles. C'est l'Éden. L'euphorie du promeneur le ramène au temps qui précède la faute. Pour être vraiment libératrice, la promenade suppose une transparence à soi-même, un certain état d'innocence : « Si l'on considère la personne, la première condition nécessaire à la promenade est l'ingénuité du cœur[1]. » C'est à ce prix seulement que le promeneur déambule gaiement, tout aux forces de l'oubli, dans une pure conscience du présent. L'art de se promener tend, selon Schelle, vers une certaine qualité de l'âme. Et c'est pour atteindre à une sereine insouciance qu'il multiplie les recommandations : il nous invite à ne pas lire en marchant, déconseille la promenade digestive (le corps a des lourdeurs qui nuisent à l'élan spirituel) et considère comme raisonnable de ne pas forcer ses résistances physiques : la fatigue est une donnée négative. Ce qui nous prive des promenades matinales : « Le plus avantageux pour le corps et l'esprit, ce sont les promenades de bon matin en été, si elles ne fatiguaient pas tant[2]. »

1. Karl Gottlob Schelle, *op. cit.,* p. 41.
2. *Ibid.,* p. 129.

Quant à la question de la solitude, là non plus il n'incline pas à la frénésie. Il apprécie les promenades solitaires, car il considère que la promenade est essentiellement une manière de converser avec soi et, dans ce dialogue, de se « laisser surprendre par soi-même ». Mais, comme il ne s'agit pas que la surprise nous sidère, un ami peut être le bienvenu... Et il apparaît que cette sagesse prodiguée pas à pas est pour lui un garde-fou. « Se promener est un plaisir libre, qui ne coexiste avec aucune contrainte [1] », écrit Schelle ; mais, sans doute parce qu'il sait trop bien ce que la liberté de la promenade contient de virtuellement illimité, il essaye de lui fixer des bornes, de la cantonner dans l'ordre d'un plaisir récréatif. Schelle, qui avait lu Jean-Jacques Rousseau, critique son incapacité à seulement effleurer le spectacle du monde, à se contenter de son chatoiement. Il réprouve la violence de ses humeurs, le fanatisme de solitude et la radicale asocialité dont se nourrit chez lui l'amour de la promenade. Il en désapprouve l'excès, la complicité avec le délire. Attitude de prudence qui ne l'empêchera pas de devenir fou, très jeune. Et c'est, pour l'essentiel, entre les quatre murs d'un asile

1. Karl Gottlob Schelle, *op. cit.,* p. 42.

qu'il pratiquera son art de se promener. À moins que ce soit sa prudence qui l'ait perdu ; à la différence des exaltés qui, impunément et sans se soucier d'emprunter des chemins de Raison, foncent à grands pas, loin des repères connus, là où l'air est le plus vif.

Pour Rousseau, comme le dit le beau titre des *Rêveries du promeneur solitaire* et comme il l'affirme dès les premières lignes de cet étonnant monologue (frappant, entre autres, par la manière dont l'auteur réussit, la dotant d'une musicalité irrésistible, à rendre séductrice la monomanie qui le ronge, à nous faire entrer dans le cercle de ses hantises, à nous faire partager le rêve d'insularité qui l'obsède), la vraie promenade est solitaire. Non en tant que parenthèse de solitude dans une existence ancrée dans la société, mais en tant que prise de conscience d'un état de solitude chronique, irrémédiable. Mais, curieusement, plus Rousseau s'attache à développer le désespoir d'une solitude aussi totale, qui se serait en toute injustice abattue sur lui, « le plus sociable et le plus aimant des humains », plus on sent monter, au rythme d'un marcheur infatigable, l'envers de joie dont se double une telle déréliction, et mieux l'on comprend que c'est, en vérité, un bonheur divin que d'être à ce point et sans recours – sans aucun passage entre l'île et le continent – libéré des autres : des cercles parisiens, de l'assourdissante chambre d'écho des conversations de salon, du militantisme des Encyclopédistes, de la poussière des livres. « Un de mes plus grands délices était surtout de laisser toujours mes livres bien encaissés et de n'avoir point d'écritoire [...]. Au lieu de ces tristes paperasses et de toute cette bouquinerie, j'emplissais ma chambre de fleurs et de foin[1]. » « Enlacé de lui-même », Rousseau s'adonne au « précieux *far niente* ». Ce fut, écrit-il, « la première et la principale de ces jouissances que je voulus savourer dans toute sa douceur, et tout ce que je fis durant mon séjour ne fut en effet que l'occupation délicieuse et nécessaire d'un homme qui s'est dévoué à l'oisiveté[2] ». La solitude de Rousseau est sans remède parce qu'elle s'est voulue comme telle, parce qu'elle est sa solution pour échapper à un cadre philosophique et stratégique contraire à son génie, et qui ne lui permettrait pas de connaître jusqu'au bout, dans l'effroi et le ravissement, les surprises qu'il lui réserve (de la même façon, lorsque Nietzsche, à l'âge de trente-quatre ans, abandonne son poste de

1. Jean-Jacques Rousseau, *Les Rêveries du promeneur solitaire*, Paris, Gallimard, Folio, 1988, p. 96.
2. *Ibid.,* p. 95.

professeur à l'université de Bâle et commence une vie errante, sans doute cède-t-il aux contraintes de la maladie, mais, plus profondément, il se donne les conditions d'une pensée libre, il se rend possible l'allègement, le déracinement, indispensables au chemin vers lui-même). Rousseau, grand maître en l'amour de soi, expert en l'irresponsabilité sous toutes ses formes, ne s'est jamais trompé sur son bien. Et c'est de ce savoir secret, pierre de touche d'une liberté fantasque (jamais avouée puisque, dans son propre système, Rousseau occupe la place de la victime, de celui qui ne choisit pas), que rayonnent *Les Rêveries du promeneur solitaire*, texte testamentaire resté inachevé, à la manière d'une promenade dans laquelle on se serait élancé sans idée de retour...

Il suffit de franchir le pas : de marcher droit devant soi, perdu dans ses pensées, sourd à ceux qui vous crient de faire attention. C'est ainsi qu'une première fois, bien avant la fuite hors de Paris qui ouvre sur la grande phase de sa maturité créatrice, Rousseau s'est libéré de Genève. Il a laissé derrière lui la médiocrité de ses pauvres études et le faux attachement de gens qui ne l'aimaient pas. Ou plutôt – et l'on reconnaît déjà la technique du report sur autrui – c'est Genève qui l'a exclu. Lui n'a rien eu à décider. Il voulait rentrer, mais la porte de la ville était fermée. Alors le jeune homme n'a plus eu qu'à poursuivre son chemin. Il s'agit, ici, plus d'une philosophie de la marche que de la promenade. Le promeneur revient. Le marcheur, une fois lancé, peut ne pas revenir. Il y a dans son énergie, dans l'ivresse qui lui monte à la tête, le risque et le désir de ne pas s'arrêter. Sans se le dire, peut-être même sans l'avoir remarqué, il a quitté les rues de son quartier, épuisé les ressources du jardin public, dépassé les dernières maisons des faubourgs. Il ne connaît pas la respiration tranquille du promeneur, ses pauses sur un banc, son regard bienveillant. Il est gagné par la fièvre des errants, par la foi des Pèlerins. Il est parti pour un voyage sans retour. Ainsi, dans *Walking*, l'écrivain américain Henry David Thoreau, fervent disciple de Rousseau, peut écrire : « Nos expéditions ne sont que des tournées et s'en reviennent au soir à ce vieux coin du feu d'où nous sommes partis. La moitié de la promenade consiste à revenir sur nos pas, simplement. Peut-être nous faudrait-il partir pour la plus courte promenade dans un esprit d'immortelle aventure, pour ne point revenir – prêts à renvoyer seulement notre cœur embaumé comme relique à notre royaume en deuil. Si tu es prêt à quitter père et mère, frère et sœur, femme et enfants et amis pour ne plus jamais les revoir – si tu as payé tes dettes, fait ton testament, mis tes affaires en ordre, et si tu es un homme libre, alors te voilà prêt à marcher[1]. »

Le promeneur, selon Rousseau et Thoreau, ne marche pas avec. Tels les déambulateurs des romans de Thomas Bernhard, il prend la direction opposée, il marche *contre*. Son art de la marche ne relève pas de l'esprit de délassement, ou d'une hygiène. Il est un acte d'indépendance, une déclaration d'insoumission. Thoreau, bien qu'il commence par jouer l'indécision de qui ne sait où ses pas vont le porter, en arrive toujours à aller vers l'ouest – vers l'âpreté. Vers ce qui n'existe pas encore. Contre l'Europe : son paysage urbain, sa culture, son intelligence codée, son raffinement analytique. Il se laisse guider par ce qui en lui demeure inconnu. Et si le monde où il chemine n'est jamais assez sauvage à son gré, c'est qu'il le veut en correspondance avec une anarchie spirituelle – avec une part de lui-même volontairement laissée en friche : celle qui, contre « la Société pour la Diffusion des Connaissances utiles », a choisi « la Société pour la Diffusion de l'Utile Ignorance ».

1. Henry David Thoreau, *Balades*, traduit de l'anglais par L. Balzagette, Paris, La Table Ronde, 1995, p. 9-10.

Écrire, voyager : Flaubert en Orient

À l'opposé de ce départ-rupture, de cette marche vers le désert – voyage initiatique négatif qui se déploie comme un geste de révolte –, il y a le voyage initiatique positif, formateur, dont on espère revenir enrichi d'expériences et de souvenirs. Pour celui-ci, écrire, voyager sont, idéalement, deux actions supposées se compléter, se susciter mutuellement dans une sorte d'optimisme énergétique passant sans relâche du jarret au poignet et vice versa. Comme si l'envie de voir le monde et de le parcourir n'était que l'extension d'un désir d'écriture qui se soutiendrait, quant à lui, de déplacements métaphoriques, d'images attirantes, de vertiges fascinés. Entre image et mirage, l'horizon de la langue, comme celui de la nature, ne permettrait qu'une approche déçue. Mais c'est à cette déception que viendrait se relancer l'énergie du scripteur-voyageur, qui toujours se rechargerait, épuisée mais renforcée, à cet inaccessible dont se nourrirait également la persévérance de l'homme qui marche et de celui qui écrit. (Dès qu'on voyage apparaissent partout des gens qui écrivent. Dans les salles d'attente, les trains, au café, les pieds dans l'eau... À l'auberge, sous l'ombre bleue des vignes vierges, ils écrivent l'ombre bleue des vignes vierges, l'auberge en papier quadrillé. Quand la serveuse pose un verre sur la table, ils ne lèvent pas les yeux. On ne peut pas à la fois voir et avoir vu.)

Cette ardeur transcriptive connaît pourtant le comblement parfait de la distraction. Cahiers inachevés, routes interminables : l'absence de fin permet de s'arrêter où l'on veut, mais aussi, plus secrètement, de commencer et de continuer à avancer. Avancer et s'égarer. Il n'y a personne pour nous renseigner. Il n'y a pas de régulateur objectif. Tout se passe dans cette excitation solitaire entre mots et visions, qui se poursuit sans répit mais sans urgence, changeante et continue, de la page nue au spectacle du monde et réciproquement. Voyager nous rend écrivains ; quant à l'écrivain qui voyage, il se met dans un état de vacance particulière, une disponibilité passagère mais entière. S'il est apparemment dans la dépense, il ne se perd que pour mieux accumuler les matériaux de son travail futur. Économie subtile et réfléchie que l'on trouve clairement à l'œuvre à travers la correspondance de Flaubert lorsqu'il voyage en Orient. La *couleur locale* y est reconnue comme une substance précieuse, d'autant plus pure qu'elle n'est mêlée d'aucun élément familier ou européen – substance d'étrangeté qu'il s'agit d'assimiler tout en lui conservant son caractère définitivement lointain.

Le voyageur se construit mentalement et sensuellement une collection de tableaux vivants qu'il rapportera, brillants de l'incompréhension dont ils lui sont apparus, dans son pays. Il peut se permettre de figurer dans ces tableaux, mais ce n'est jamais que pour une brève pose (silhouette au pied d'une pyramide, sujet pensant juché sur un chameau, ou écartelé sur une tortue géante) et pour authentifier et mieux faire mesurer leur force d'exotisme intégral. Effets étudiés en fonction d'une impossible insertion personnelle. C'est pourquoi l'étonnement, la curiosité, l'admiration, se creusent de mélancolie, lorsque l'image tend à envelopper le voyageur et à faire vaciller son identité. Spleen du coït interdit... Flaubert écrit à Louis Bouilhet : « Le 13 mars 1850, à bord de notre cange, à 12 lieues au-delà de Syène. [...] Figure-toi, ami, cinq ou six rues courbes avec des maisons hautes de 4 pieds environ, bâties de limon gris desséché. Sur les portes, des femmes debout, ou se tenant assises sur des nattes. Les négresses avaient des robes bleu ciel, d'autres étaient en jaune, en blanc, en rouge. [...] Des senteurs d'épices avec tout cela ; et sur leurs gorges découvertes de longs colliers de piastres d'or, qui font que, lorsqu'elles se remuent, ça claque comme des charrettes. Elles vous appellent avec des voix traînantes : *Cawadja, cawadja* ; leurs dents blanches luisent sous leurs lèvres rouges et noires ; leurs yeux d'étain roulent comme des roues qui tournent [...]. Mets du soleil par là-dessus. Eh bien : je n'ai pas baisé [...] exprès, par parti pris, afin de garder la mélancolie de ce tableau et faire qu'il restât plus profondément en moi. Aussi je suis parti avec un grand éblouissement, et que j'ai gardé. Il n'y a rien de plus beau que ces femmes vous appelant. Si j'eusse baisé, une autre image serait venue par-dessus celle-là et en aurait atténué la splendeur. »

Ce récit m'en rappelle un autre, le même. L'image m'en est restée aussi pure, sans qu'aucun rapprochement vienne brouiller son éclat. Je me promène dans le quartier des prostituées à Bombay. En l'absence de chambre, certaines font l'amour derrière un rideau posé sur la rue. Je croise le regard d'une jeune fille penchée à une fenêtre. Avant même que j'aie pu la voir elle me lance au visage une mangue pourrie. Peut-être m'a-t-elle crié quelque chose. Mais je n'ai pas entendu. Pour garder la mélancolie.

Le voyageur ou la voyageuse, que ce soit sous l'espèce du splendide ou du sordide, ne revient pas sans images. Cela précisément parce qu'ils reviennent. Dans le parcours qui s'effectue à l'étranger et que les lettres relient régulièrement à son point de départ, aussi loin que l'on aille, c'est toujours déjà le retour qui se déploie, s'anime des mille récits dont il est constitué. Le voyage n'a qu'un enjeu : le retour. Son temps s'irréalise dans le futur antérieur, comme en témoigne cette phrase d'une lettre de Diderot à Sophie Volland : « J'aurai fait le plus beau voyage possible quand je serai de retour » (de Saint-Pétersbourg, le 29 décembre 1773). De Paris, alors qu'il n'a pas encore quitté la terre maternelle, Flaubert écrit à sa mère : « Je te ferai de beaux récits de voyage, nous causerons du désert au coin du feu ; je te raconterai mes nuits sous la tente, mes courses au grand soleil... Nous nous dirons : "Oh ! te rappelles-tu comme nous étions tristes !" et nous nous embrasserons, nous rappelant nos angoisses de départ » (le 27 octobre 1849). C'est l'absolu de ce présent ou de cette présence qui referme sur le passé le voyage et son projet, et neutralise en souvenirs partagés la tentation d'un ailleurs. Le voyage fait de chacun un écrivain : au revoir, je vous écrirai, je vous décrirai ce qui nous sépare. La lettre ou la carte envoyée développant, pour le rendre rassurant, c'est-à-dire concevable, le nom étranger qui précède la date et représente l'écart géographique que le message se propose, momentanément, d'annuler. Cette promesse de correspondance garantit le non-sérieux de l'éloignement envisagé et qu'aucun renversement de perspective n'est à craindre qui ferait du lieu d'origine, ou de la figure maternelle, une image effacée.

Du voyage de Flaubert, qui s'étend de novembre 1849 au printemps 1851, moment où il retrouve sa mère, venue à sa rencontre à Venise, nous pouvons suivre la progression continue, grâce au grand nombre de ses lettres, presque toutes destinées à sa mère. Elles sont d'abord écrites pour aider la vieille femme, déjà dans le deuil de sa fille, à combler une absence, à pouvoir continuer de penser son fils comme auprès d'elle. C'est dire que les pays traversés sont secondaires. Ils sont un élément anecdotique qui ne l'emporte jamais sur la fonction affective de la lettre : « Ah ! pauvre mère, que je voudrais pouvoir me glisser dans les miennes [mes lettres] entre ces plis de papier sur lesquels je verse un long regard de tendresse. » Les mots de la lettre remplacent, imparfaitement, l'être cher. La correspondance opère la fiction d'un double mouvement de remplacement ou de déplacement. Le voyageur voulant se mettre à la place de ses mots et donc se retrouver à son lieu de départ, abolir la coupure du voyage, tandis que la destinataire, celle qui n'est pas partie, usera de toutes ses ressources d'imagination pour se mettre à la place du voyageur. Flaubert multiplie les conseils. Il encourage sa mère à aller au Louvre voir les bas-reliefs assyriens : « Cela te fera plaisir en songeant que j'en verrai de pareils. Tâche, pauvre vieille, de te mettre à ma place quand je serai en route. Songe aux belles choses que je vais voir, à toutes les gueulades que je pousserai. » Et, du côté du voyageur, il n'importe pas tant de voir le monde que d'en sélectionner les extraits qui font rêver, qui prolongent la rêverie d'avant le départ. C'est pourquoi les notations de lumière sont essentielles. La lumière est l'élément même de la rêverie, elle se traverse sans opposer aucune résistance. « J'ai aperçu l'Orient à travers, ou plutôt dans une grande lumière d'argent fondue sur la mer », écrit Flaubert à son arrivée à Alexandrie. Son voyage est une progression dans l'immatériel. Plus il avance, plus Flaubert a l'impression de retrouver et non de découvrir. Et c'est sur un constat d'ennui et d'indifférence qu'il conclut ces longs mois en quête de tous les exotismes possibles (bronzage, déguisement dans le costume local, initiation psylle, essai de la sodomie : « Voyageant pour notre instruction et chargés d'une mission par le gouvernement, nous avons regardé comme de notre devoir de nous livrer à ce mode d'éjaculation », écrit-il, cette fois non à sa mère mais à son ami Louis Bouilhet). Et alors même que Flaubert s'est employé si méthodiquement à expérimenter les différences et à parcourir les espaces les plus étranges et les plus étrangers, il s'aperçoit que la seule chose qui lui soit réellement advenue, c'est le temps. Flaubert, à l'issue de ce périple circulaire, constate seulement qu'il a vieilli (telle Zazie, dans l'œuvre de Queneau, quand elle se retrouve vingt-quatre heures plus tard à la gare de Lyon, mais côté départ). Dit avec l'ironie flaubertienne, cela donne la définition du *Dictionnaire des idées reçues* : Voyageur : Toujours « intrépide », « Vous voilà intrépide voyageur ». Toujours précédé de « Messieurs », en style de chemin de fer. « Messieurs les voyageurs. »

Voir, toucher : la fugue de Rimbaud

Le voyage rimbaldien ignore le style de chemin de fer. Sa fugue se fait sur le fond d'une autre figure de mère, très différente, et dont l'histoire nous rapporte ce geste : vieille et plus seulement d'une vieillesse intérieure, d'un deuil virginal, d'une rancœur conjugale, Mme Rimbaud s'offre le luxe de se faire descendre dans le tombeau qui l'attend entre ses deux enfants morts, Vitalie et Arthur. Donneuse de Nuit, Mère Mortifère, elle est le spectre que l'étranger fuit de port en port et sous les yeux de qui la perspective du retour se teinte d'une ironie macabre. « Avant de sceller la pierre d'entrée, qu'on appelle porte, et qui a cinquante centimètres carrés, juste pour passer le cercueil, j'ai voulu le visiter encore une fois, pour voir s'il ne restait rien à faire. Les ouvriers m'ont fait glisser tout doucement jusqu'au fond du caveau ; les uns me tenaient par les épaules, et les autres par les pieds. Tout est bien : c'est en ce moment que j'ai fait mettre la croix et le buis. La sortie du caveau a été plus difficile, car il est très profond ; mais ces hommes sont très adroits, et m'en ont très bien tirée, mais avec peine » (Lettre à sa fille, Isabelle, 1er juin 1900). Il est vrai, ainsi que Mme Rimbaud l'a très bien senti : c'est la sortie du caveau qui fait problème. À moins de tomber sur des fossoyeurs d'une exceptionnelle habileté...

Cette scène de dévotion funèbre introduit parfaitement, selon la précision flottante et irrécusable d'une logique onirique, à la tristesse muette et froide dont se marque la correspondance de Rimbaud avec sa mère. De l'un à l'autre ne passe nulle joie, ni même une voix. Et s'il arrive, longtemps après la mort de son fils, que Mme Rimbaud évoque à son propos une grande émotion, un bonheur inexplicable, c'est lors d'une rencontre à l'église avec un jeune homme qu'elle voudrait prendre pour « le pauvre Arthur ». Il a une jambe en moins et il est très pieux. Elle le reconnaît d'abord à sa béquille. L'existence voyageuse de Rimbaud débute avec sa première fugue de la maison maternelle en septembre 1870, qui fit écrire à sa mère : « La police fait des démarches pour savoir où il est passé, et je crains bien qu'avant le reçu de cette présente ce petit drôle se fasse arrêter une seconde fois ; mais il n'aurait plus besoin de revenir, car je jure bien que de ma vie je ne le recevrai plus. » Plutôt que voyageur Rimbaud fut un fugueur. C'est dire que ses diverses expéditions s'inscrivent sous le signe de la fuite et du délit qui y est attaché. La fuite, au contraire du voyage, n'entraîne nullement à la recherche du pittoresque, de l'exotisme distancé, mais du lieu où pouvoir se reposer, cesser de fuir, ne plus courir le risque de se faire arrêter. Si le voyage s'organise selon la sécurité d'un retour, la fugue indique une rupture qu'aucun retour n'efface. La fugue est un voyage à vif de l'angoisse, sans guide ni interprète.

De la province à Paris, puis entre l'Angleterre, la Belgique, la Hollande, l'Allemagne, etc., les errances de Rimbaud se déroulent d'abord autour de la France avant que s'effectue, en plusieurs reprises, son éloignement définitif vers l'Afrique et l'Arabie. Ses voyages, dont les retours se soldent en terme d'échec, font de la maison familiale le centre à la fois répulsif et inévitable où il revient, malade et défait, ressentir l'énergie d'un nouveau départ en réaction contre la mort ou le froid qui sont pour lui synonymes de Charleville : « Je meurs, je me décompose dans la platitude, dans la mauvaiseté, dans la grisaille » (Rimbaud à son professeur G. Izambard, en novembre 1870). Mais le dessin étoilé de ses allées et venues à partir de chez sa mère ira s'espaçant et se déplaçant jusqu'à se réduire à une seule ligne tendue (à se rompre : ne serait-ce que par la difficulté matérielle des communications) entre le Harar et les Ardennes.

Sur le point de s'embarquer pour son premier voyage en Égypte, il écrit de Gênes, le 17 novembre 1878, une des lettres les plus longues et les plus descriptives de sa correspondance. Cette dernière lettre d'Europe et qui dit effectivement un *passage* (le passage du mont Saint-Gothard) est comme l'ultime trace de son écriture avant qu'elle ne fasse place au blanc d'un échange épistolaire où disparaissent également la figure du destinataire et celle du signataire. Et ce que cette lettre si vivante et suggestive donne précisément et même physiquement à voir, c'est l'absence complète de visibilité, le volume d'opacité et de nuit dans lequel s'effractionne la marche du voyageur.

« Voici ! plus une ombre dessus, dessous ni autour, quoique nous soyons entourés d'objets énormes ; plus de route, de précipice, de gorge, ni de ciel : rien que du blanc à songer, à toucher, à voir ou ne pas voir, car impossible de lever les yeux de l'embêtement blanc qu'on croit être le milieu du sentier. Impossible de lever le nez à une bise aussi carabinante, les cils et la moustache en stalactites, l'oreille déchirée, le cou gonflé. Sans l'ombre qu'on est soi-même et sans les poteaux du télégraphe, qui suivent la route supposée, on serait aussi embarrassé qu'un pierrot dans un four. »

Le gommage impitoyable du monde que réalise la tempête de neige s'étend, bien audelà du passage du mont Saint-Gothard, sur toute la suite des voyages rimbaldiens régulièrement ponctués de notations négatives. Comme si l'avancée en pays inconnu nous révélait d'abord le champ infini de tout cela que l'on ne voit plus. De Chypre il écrit : « Il n'y a ici qu'un chaos de rocs, la rivière et la mer. Il n'y a qu'une maison. Pas de terre, pas de jardin, pas un arbre. En été, il y a 80 de chaleur. » Et plus loin, d'Aden : « Aden est un roc affreux, sans un seul brin d'herbe ni une goutte d'eau bonne : on boit l'eau de mer distillée », ou « c'est un fond de volcan sans une herbe », ou bien encore « vous ne vous figurez pas du tout l'endroit. Il n'y a aucun arbre ici, même desséché, aucun brin d'herbe, aucune parcelle de terre, pas une goutte d'eau douce. Aden est un cratère de volcan éteint et comblé par le sable et la mer. On n'y voit et on n'y touche donc absolument que des laves et du sable qui ne peuvent produire le plus mince végétal. » On peut lire la version positive de ces descriptions exhaustivement privatives dans les quelques rapports géographiques que Rimbaud envoya à des revues françaises : surfaces territoriales, chiffres d'altitude, nombre et grandeur des cours d'eau, répartition des saisons, dénomination des tribus, de leurs dieux, de leurs troupeaux et de leurs bêtes féroces...

Neige et sable. Les Alpes et le désert d'Arabie se rejoignent pour produire un espace de soif. Dans ce mouvement de raréfaction naturelle dont s'accompagne la progression du voyage, l'eau douce est le premier élément supprimé (à un relais sur la montée du mont Saint-Gothard on paie, dit Rimbaud, le bol d'eau salée un franc cinquante).

Soif et sueur. Quand voyager ce n'est pas regarder mais entrer dans un corps à corps violent avec le pays exploré. Non une collection d'images mais l'épreuve d'un corps. Voir, toucher sont alors indissociables. L'absence de description colorée ne renvoie pas à une attitude d'indifférence ou d'insensibilité (celle même que Flaubert reconnaît à la fin de son voyage comme le seul fond de réalité sur lequel se détache la quête de couleur locale), mais à l'approfondissement d'une expérience qui se situe du côté des sensations, dans un contact immédiat, à la fois de défense et d'agression, avec l'inconnu. La vision qui s'élabore ici ignore la distance d'un choix, la gratuité d'un regard amusé. Elle est dure, désolée, *vitale*. Elle tient à l'essentiel, à ce sans quoi, véritablement, on dépérit. La dernière lettre que Rimbaud dicta à sa sœur et qu'il destinait au directeur des Messageries maritimes de Marseille se termine par ces phrases : « Je suis complètement paralysé : donc je désire me trouver de bonne heure à bord. » Si partir c'est mourir un peu, mourir c'est définitivement *y rester.*

Intrépide voyageuse : Isabelle Eberhardt

Renaître est le mot d'Isabelle Eberhardt chaque fois qu'elle retrouve l'Afrique du Nord et qu'à nouveau elle se sent la proie du risque, environnée de mystères, à l'image de cette vaste demeure d'un quartier excentré de Tunis, qu'elle habite pendant l'été 1899 (elle a alors vingt-deux ans). La maison est « mystérieusement agencée, compliquée de couloirs et de pièces situées à différents niveaux, ornée de faïences multicolores de jadis, de délicates sculptures de plâtre fouillé en dentelle... [1] ». La jeune fille y vit seule avec une vieille servante mauresque et un chien noir, nommé Dédale. Le jour, elle rêve, étendue dans la pénombre des pièces ; la nuit, déguisée en Bédouin, elle erre dans le labyrinthe des ruelles. Elle se promène dans les cimetières musulmans, rôde dans le quartier du port, parmi les men-

1. Isabelle Eberhardt, *Œuvres complètes,* t. I, Paris, Grasset, 1989, p. 29.

diants, les prostituées. Pendant encore cinq ans, jusqu'à ce qu'elle meure noyée, emportée par un oued en crue (ou assassinée, mais l'hypothèse est restée sans preuves), Isabelle Eberhardt ne reculera devant aucun obstacle pour aller plus loin vers le désert. Avec une résolution héroïque, quasi mystique, elle affrontera le scandale, la maladie, la misère, la violence d'un attentat. Jamais, même dans les moments les plus durs de son existence (qu'elle narre tantôt au masculin, tantôt au féminin), elle ne revient sur la certitude qui l'anime : elle est faite pour l'abrupt des départs, la vie nomade, l'audace aventurière. Elle y a reconnu sa vocation, ce pour quoi elle est douée. La réalité de ce don passe dans ses écrits non en de larges récits, mais en la répétition d'instants, de moments élus. Ce sont essentiellement *les apothéoses du soir*, l'heure où, en Afrique, le soleil cesse d'être une puissance meurtrière et s'embrase en splendeur ; *les nuits à la belle étoile* (Isabelle Eberhardt nous donne à voir dans sa merveilleuse simplicité le geste d'étendre un tapis et de s'y coucher – dans une rue, une arrière-salle de café, une cour, en plein désert, au milieu de cet étrange paysage marin que forment les vagues de sable... : « ... lentement, doucement, je m'endors dans le calme de la cahute dont la porte ne ferme pas, dans la cour sans gardiens, grande ouverte sur l'obscurité du *bled...*[1] », ou : « ... nous goûtons un sommeil très doux sous un large grenadier, dans l'éblouissement du soleil déjà haut...[2] » ; *les réveils* : « J'éprouvais la sensation délicieuse de liberté, de paix et de bien-être qui, chez moi, accompagne toujours le réveil au milieu des spectacles familiers de la vie nomade[3] », et : « Après une courte nuit lunaire passée sur une natte, devant le café maure du *makhzen*, au *ksar* de Beni-Ounif, je m'éveille heureux avec des sensations délicieuses qui me prennent toujours quand j'ai dormi dehors, sous le grand ciel, et quand je vais me remettre en route[4]. » Et l'on comprend, la lisant, que ces instants qui lui coûtèrent tant de peines ne furent pas trop cher payés, qu'elle n'a peut-être bravé tous ces dangers que pour un bonheur particulier à s'éveiller...

D'un séjour à Marseille, Isabelle Eberhardt écrit : « J'aime à voir les villes où je passe [...], vêtue de costumes d'emprunt, choisis selon les lieux ou les circonstances. Sous un costume correct de jeune fille européenne, je n'aurais jamais rien vu, le monde eût été fermé pour moi, car la vie extérieure

1. Isabelle Eberhardt, *op. cit.,* p. 161.
2. *Ibid.,* p. 228.
3. *Ibid.,* p. 55.
4. *Ibid.*, p. 229.

semble avoir été faite pour l'homme et non pour la femme[1]. » S'habiller en homme conduit Isabelle Eberhardt à n'être enfermée dans aucune personnalité : « Sous des vêtements masculins et une personnalité d'emprunt, je campais alors dans les *douar* du caïdat de Monastir, en compagnie de Si Elarhby, *khalifa*. Le jeune homme ne se douta jamais que j'étais une femme. Il m'appelait son frère Mahmoud et je partageai sa vie errante et ses travaux pendant deux mois[2]. » Elle est alors Si Mahmoud Saâdi, un petit Turc évadé d'un collège de France... Mais elle a d'autres identités, à l'abri desquelles elle passe des nuits au bordel et boit, avec des légionnaires, dans des cafés qui s'appellent Au retour de Béchar, à l'Étoile du Sud, à la Mère du Soldat, à l'Oasis de Figuig...

Isabelle Eberhardt, pour qui exil et liberté ne faisaient qu'un, avait la passion du danger. Elle se droguait au kif, au haschisch, à l'opium, et aux lointains. Et, bien sûr, la dose n'était jamais suffisante. Dans des bars de la rive gauche, Guy Debord découvre, par-delà la violente ivresse, « le vrai goût du passage du temps ». Isabelle Eberhardt

1. Isabelle Eberhardt, *op. cit.*, p. 73.
2. *Ibid.*, p. 51.

s'enfonce au Pays du Sable pour connaître « la durée infinie de ce qui est ». Incalculable est le parcours intérieur d'un voyageur...

Le néant du tourisme

Cela, aussi bien la quête d'exotisme de Flaubert (qui sur une échelle beaucoup plus vaste reproduit le modèle divertissant et rassurant de la promenade idéale) que la fugue de Rimbaud ou celle d'Isabelle Eberhardt (qui, dans sa décision de non-retour, est dans la ligne droite de la passion marcheuse de Rousseau et de Thoreau), date d'un temps où voyager menait ailleurs avec les dangers que cela impliquait. C'est l'époque où, dans sa bande dessinée, Hugo Pratt choisit de « faire vivre » son personnage, Corto Maltese, incarnation par excellence du voyageur d'antan... Corto Maltese, le marin à la démarche rapide, le vagabond des mers du Sud, le déchiffreur de la lagune, l'aventurier cynique, le rêveur insaisissable, l'homme qui, à la question : « Où t'en vas-tu ? » répond seulement : « Loin... ». Alors, le voyage n'était pas conçu dans un programme de vacances, comme une pause dans l'organisation du travail et sa rentabilité. Il était pensé par rapport au « métier de vivre » et à son intelligence. Il n'était pas lié à une saison, l'été, mais à un âge de la vie, la jeunesse. Il répondait à une nécessité intérieure. C'était dans un XIXe siècle encore vierge de l'industrie du tourisme, de son impérialisme pacifique en apparence, meurtrier en réalité, puisqu'il néantise dans un même mouvement le voyageur et l'indigène, le visiteur et son hôte. Puisque, annulant toute rencontre, il substitue du déjà-connu à l'événement de poser le pied sur un sol étranger, du déjà-vu ou du déjà-cadré à ce que l'œil avide du voyageur s'empresse de chercher. Le triomphe du tourisme, l'un des phénomènes dominants du XXe siècle, est une impitoyable mise à plat. Celle-ci aboutit parfois, dans son découpage minutieux du paysage à découvrir et du temps dont dispose le voyageur, à des propositions folles. Par exemple, comment voir Venise en un jour...

Le tourisme est la réalisation achevée d'un univers de la désespérance. Cet enfer bien tempéré englobe dans sa mise en spectacle, ou dans sa machine à produire de l'authentique, n'importe quelle partie du monde, n'importe quelle activité, n'importe quel geste : des teinturiers de Marrakech, des bouquinistes des quais de la Seine, des tresseurs de joncs du lac Titicaca, des hindous qui allument des bûchers et font brûler leurs morts sur les bords du Gange, à Bénarès. Personne n'est à l'abri. Et si l'on croit s'être gardé de la masse ambulante des touristes, on est du côté des souvenirs pétrifiés qu'ils rapportent chez eux. C'est ainsi que, tandis que je déguste une socca, à Nice, sur le cours Saleya, un groupe de Japonais s'arrêtent et me photographient, hilares. Vais-je parler nissard tout à coup et, faisant voler mes boucles brunes, les régaler d'une chanson ?

Guido Ceronetti, dans *Un voyage en Italie*, se livre à une entreprise de sauvetage, à la fois de son pays et de l'idée de voyage. Il tente d'extraire du fatras de laideur qu'il traverse quelques rares éléments de beauté encore intacts. Il note à son arrivée en Sicile : « Mais à Taormina on ne peut qu'être sans espoir. Là, le très méchant sortilège touristique supprime tout rapport avec la réalité : dans le *tourisme* ni la vie ni la mort n'existent, ni le bonheur ni la douleur : il y a seulement le tourisme, qui n'est pas la présence de quelque chose, mais la privation, contre paiement, de tout. Les touristes sont des ombres, et avec eux les commerçants, les hôteliers, les organisations d'excursions, ce qui se boit et se mange, la messe dans la petite église [...]. L'enfer touristique est parmi les pires parce qu'on se sent enseveli, enfermé dans la stupidité comme dans une pyramide, et qu'on a peur d'être oublié là-dessous, que personne ne vienne vous en sortir. Et Taormina est fermée, d'un accès laborieux, cela aggrave la panique : en sortirai-je jamais plus ? Pendant des jours, des années, des siècles, sortirai-je de l'hôtel pour acheter le *Times*, le *Welt*, le *Guardian*, les timbres et les cartes postales, pour manger une glace, examiner dans les vitrines les raquettes et les chaussures de montagne, envoyer des fleurs à Zurich, écrire aux amis stupides *meilleur souvenir de ce paradis* ?

– Aujourd'hui de l'espadon !

– Très bien !

– Aujourd'hui du soleil ! *Sonne !*

– Oh[1] ! »

Le parcours de Guido Ceronetti se module sur une alternance de rages (longues) et d'enchantements (brefs). Il est merveilleux parce qu'il ne vaut que pour lui. Labyrinthique, poétique, rêveur, digressif, avec d'innombrables retours sur ses pas, des pauses aux lieux les plus inattendus, les plus délaissés, dans les marges des villes et de la vie active, séparés des circuits économiques, des hauts lieux touristiques et de célébration, là où quelque chose s'est arrêté,

1. Guido Ceronetti, *Un voyage en Italie*, traduit de l'italien par André Maugé, Paris, Albin Michel, 1996, p. 183-184.

disjoncte. L'auteur a une prédilection pour les hospices de vieillards, les asiles de fous, les villages fantômes, où n'habitent plus que des toiles d'araignées, des vieux balais, des fleurs sauvages. Visitant un asile à Lucques, Guido Ceronetti a cette belle formule, à propos des internés tous drogués de médicaments : ils sont « orphelins de leur folie ». L'expression ne s'applique pas seulement aux pensionnaires de cet hospice, elle vaut pour nous tous. Et si son livre est bien un guide, c'est dans le sens spirituel d'une réhabilitation, ou réhabitation de la folie en nous-mêmes, de cette part perdue, légèrement égarée ou simplement non contemporaine. Si ce voyage en forme d'errance a un but, c'est de nous aider à rejoindre « le courant des sensations profondes », « le frisson de l'infini ». C'est pourquoi Guido Ceronetti n'a pas de mots assez durs pour fustiger deux fléaux qui nous accablent : les voleurs de temps et les voleurs de silence. Ensemble, ils conspirent à nous réduire à l'état de « cadavre mental ».

Ensemble, ils sont les maîtres d'œuvre des voyages organisés : suites de moments également réussis, sans battements, sans temps morts. Sans l'intervalle de silence d'où naît le rythme. On consomme tout à la même cadence, avec la même frigide voracité. On se bourre de plats typiques, de musique, de peinture, de Canaletto, de cannelloni, de Vivaldi, de Guardi.

« C'est drôle, vous ne trouvez pas, les tableaux nous montrent exactement ce que l'on voit dehors. Aucune différence entre dehors et dedans, ni entre alors et maintenant », dit, à côté de moi, un visiteur du musée Ca'Rezzonico. C'est vrai, tout semble pareil – sauf qu'il y a nous en plus. Et, si l'on observe en détail, apparaissent des scènes, des gestes désormais disparus. Regardez cet homme qui s'avance dans l'eau jusqu'aux cuisses pour pousser sa gondole, on ne voit plus cela. Ni ces jeunes garçons qui plongent dans le Grand Canal. La scène se passe au début du XIXe siècle, à l'époque où Byron habitait Venise, dont il dit, avec sobriété : « Venise me plaît autant que je m'y attendais, et j'attendais beaucoup... » Il y mène une vie d'étude et de débauche. Il nage, chevauche sur la plage du Lido, et multiplie les fêtes : il loue, une nuit, pour le départ d'un ami, des chanteurs vénitiens qui leur chantent le poème du Tasse, *La Mort de Clorinde,* en s'éloignant de la Piazzetta, comme autrefois...

Le tourisme assure un service intensif de réanimation culturelle. En vain. Pas un cillement. Le cœur bat à peine. Palpitait-il davantage des mois plus tôt, dans le métro, lorsque, entre deux quêtes de SDF, le futur voyageur levait les yeux de son journal et voyait, affichée sur les murs des stations, une publicité multicolore et compétitive ? Peut-être... Elle lui offrait, dans le désordre, à grands coups de slogan sur la liberté : Malte, Malaga, Hammamet, la Turquie, la Sicile, l'île Maurice, la Guadeloupe, Majorque, Tel-Aviv, le Ghana, la Grèce (« Élue le paradis des vacances par Sa Majesté le soleil »), l'Égypte... Il était séduit. Il avait conscience d'un sentiment d'usure, de fatigue. Il rêvait que là-bas il recommencerait à regarder, à varier les trajets. Comme au début de son installation à Paris. Mais qui sait ? peut-être qu'en effet ses yeux se sont dessillés et l'énergie lui est revenue, et que celle-ci s'est même étendue, au retour, sur sa manière de vivre sa propre ville. Peut-être...

Sans être prisonnier du carcan d'un voyage organisé, on éprouve la même asphyxie, la même impossibilité à intérioriser un lieu, à voir et à se mouvoir, lorsqu'une personne bien intentionnée se propose de vous servir de guide et ne vous lâche pas. Grâce à elle, vous ne vous perdez pas et vous ne manquez rien « d'important ». Le séjour se passe au mieux et raconté ce sera d'un excellent effet (vous pourrez donner une réponse positive à la question : *Ça s'est bien passé ?* que l'on vous posera au retour de vacances). Mais vous savez, à l'ennui insidieux qui se glisse en vous, qu'en fait *rien ne se passe*. Parce que c'est son lieu et que cette visite qu'elle vous impose ne vous ressemble en rien, et ne lui ressemble pas non plus. C'est un parcours mis au point, et qu'elle sert aux visiteurs de passage, sorte de moyen terme entre son expérience intime et sa représentation d'une curiosité étrangère. C'est le parcours de personne, en somme... Une fois, pour échapper à l'emprise d'un guide plein de gentillesse, j'en arrive à inventer une amie fictive. Je me procure ainsi des parenthèses touristiquement nulles. Comme j'y prends un grand plaisir, l'amie se révèle de plus en plus exigeante, en crise. Je lui ai inventé une identité, une histoire. À la fin du séjour, je ne quitte presque plus mon amie et, quand je retrouve mon guide, c'est pour discuter avec lui des problèmes de Lola (ce mensonge d'une amie fictive pour préserver sa solitude est l'inverse de celui, plus répandu, d'une amie réelle dont on cache l'existence !). Ce sentiment d'absence à soi, on le ressent de même, et plus gravement, quand on se laisse emmener en voyage et que l'on s'en remet à quelqu'un pour le soin de tout programmer, de nous montrer un pays.

Colette nous fait ce récit : elle reçoit, un après-midi, la visite d'une jeune femme qui lui dit, pointant du doigt, au-dehors, sa voiture nickelée : « Je vous enlève demain matin ! Soyez prête à sept heures et fiez-vous à moi. On déjeune à B. à midi tapant. On goûte à C. à quatre heures. Et je veux que ma langue se couvre d'ulcères si la demie de sept heures ne nous trouve pas à D. les coudes sur la table, devant l'apéritif[1] ! » Colette décline l'invitation. « Tu es, je le répète, parfaite : je ne voyagerai pas avec toi. » Elle lui laisse l'espace. Elle garde les bois, le ruisseau, les digitales roses, l'odeur du pin... « Tout cela est à moi, et le silence agreste, varié, accessible, que tu n'entends pas, puisque rien ne t'arrête sur la route, toi qui fonces à travers la vapeur du fournil brûlant, qui troues le vol des papillons...[2] »

« Le monde vous suit », disait une des premières publicités pour le téléphone por-

1. Colette, *Œuvres complètes,* t. II, *Le Voyage égoïste*, Paris, R. Laffont, 1997, p. 160.
2. *Ibid.*, p. 162.

table ; « Dans les airs gardez le contact avec la terre », dit une autre pour Jet-phone. Elles visent juste, puisque les gens, de leur côté, collent au monde, à leur monde, ne peuvent s'en détacher : cordon ombilical, fil téléphonique visible ou invisible, on ne lâche pas. Les crises d'appels téléphoniques, comme le remarque, nauséeux, Guido Ceronetti, se situent le plus souvent avant le dîner : « Une idée de l'absurdité, de la misère que nous sommes, nous est donnée le samedi soir, par les cabines téléphoniques aux vitres obscurcies par des gens qui crachent des paroles à l'intérieur, dans une agitation verticale d'épileptiques, mangeant l'appareil avec d'effrayants coups de dents, digérant tels des cannibales, en même temps que l'appareil, *l'autre*, qui leur parle de loin, pour mieux le posséder, jouir de sa force (les petits enfants, les femmes aimées, en particulier !), véritables anthropophages de paroles stupides, de nouvelles insignifiantes, de contestations ineptes, et, quand enfin ils sortent, ils ont vraiment l'air de s'essuyer la bouche après un "fameux repas", d'émerger d'un coït prolongé, les bouches rient encore des idioties avalées... [1] »

1. Guido Ceronetti, *Un voyage en Italie, op. cit.*, p. 67-68.

Ce touriste de Torcello, que j'observe assise en bordure d'un minuscule champ de vignes, a préféré manger d'abord, mais ça n'a pas suffi. Il sort d'un restaurant. D'une main, il téléphone à sa mère, de l'autre, il photographie sa femme et ses enfants : « Je suis sur une petite île, je sors d'un restaurant, je vais monter sur un grand bateau », crie-t-il. « Oui, maman, il fait beau, il fait très beau. » Crier lui provoque une bouffée de colère. Il se sent furieux tout à coup. Et comme sa mère là-bas ne répond pas, il secoue le téléphone, puis le tend à sa femme : « Parle-lui, toi. » Le silence de sa mère lui est insupportable. Il répète : « Dis-lui bonjour. Dis-lui quelque chose. On dirait qu'elle fait la gueule. » Mais l'épouse, figée pour être photographiée, ne bouge pas.

Ni voyageur, ni touriste : l'aventurier

Derrière elle, on distingue l'entrée de la Locanda Cipriani. Je ne passe jamais devant sans songer au gondolier qui m'avait raconté avoir été au service de Hemingway : « Il se soûlait que c'était un bonheur. Je le ramenais la nuit. Il avait bu au Harry's Bar. Mais il était content de continuer avec moi. Sous la tonnelle...

– Je croyais que Hemingway ne venait à

Venise que l'hiver, ou en automne pour chasser le canard, et qu'il logeait à l'hôtel Gritti.

– C'est pareil. C'était un monsieur qui ne s'arrêtait pas à ce genre de considérations... »

Hemingway était quelqu'un qui pouvait s'endormir ivre mort au fond d'une gondole, mais il ne trébuchait pas à contempler les étoiles. C'est même à la beauté des cieux, à la clarté des nuits qu'il se guidait pour choisir les pays où habiter : l'Espagne, l'Italie, Cuba... Et c'est, tout autant que la fraîcheur, l'énergie, l'extraordinaire jeunesse de leur prose, leur manière de vivre qui m'a bouleversée, lorsque j'ai découvert les romanciers américains comme Hemingway, Henry Miller. J'étais impressionnée par leur désinvolture à parcourir l'Europe, sans hâte, en promeneurs, libres de continuer ou de s'arrêter à leur guise :

« C'est là que je voudrais vivre... », écrit Roland Barthes en légende d'une photographie de Charles Clifford : *Alhambra* (Grenade),1854-1856[1]. Eux, le faisaient. Ils trouvaient le propriétaire de la maison, le persuadaient de la leur louer, pour une

1. Voir Roland Barthes, *La Chambre claire*, dans *Œuvres complètes*, édition établie et présentée par Éric Marty, t. III, Paris, Seuil, 1995.

période indéterminée. Ils commençaient une nouvelle vie, à Paris, en Provence, à Venise, à Madrid, au Japon... Ils tombaient amoureux, apprenaient une nouvelle langue, découvraient des saveurs, se passionnaient pour cet autre théâtre du quotidien que leur déroulait – avec mille nuances et variations – le dernier de leur lieu d'élection. *Paris est une fête* représente à mes yeux le roman d'apprentissage par excellence. Un apprentissage rapide et sans rature, l'envolée d'un départ. Un récit qui ne nous apprend pas à donner une signification positive à l'échec, à renverser la douleur en sagesse, mais qui les chasse d'un geste et s'en tient à des questions de vitesse et d'équilibre, de temps de décision, d'à-propos. Une façon d'aborder la page, de ne pas se tromper de quartier, ni de café. *A Moveable Feast,* dit le titre anglais. Sa jubilation se découvre et s'organise à Paris, mais elle est mobile. Elle se déplace avec lui. Dans les Alpes par exemple, où Hemingway songe à « se transplanter » quand arrive la mauvaise saison : « Pendant que je mangeais mes huîtres au fort goût de marée, avec une légère saveur métallique que le vin blanc frais emportait, ne laissant que l'odeur de la mer et une savoureuse sensation sur la langue, et pendant que je buvais le liquide frais de chaque coquille et savourais ensuite le goût vif du vin, je cessai de me sentir vidé et commençai à être heureux et à dresser des plans [1]. »

Hemingway nous livre un art de glisser et de se griser. Ce qui enthousiasme à le lire, ce ne sont pas les descriptions dont il est riche. Je ne le lis pas pour qu'il me transporte ailleurs, qu'il m'hypnotise d'exotisme. Mais pour qu'à son exemple je m'envole d'un monde régi par des mobiles d'efficacité, soutenu par l'inertie des automatismes. Je ne le lis pas pour rêver, pour que se substituent aux images qui m'entourent d'autres images, plus colorées, mieux cernées. Je le lis et relis pour m'assimiler une souplesse, pour me formuler une autre conception de la vie, nomade, sans entraves, qui se règle sur des alternances d'excitation et d'ennui, et décide de la durée d'un séjour d'après une horloge intérieure, hypersensible et imprévisible. La littérature de Hemingway, celle de Henry Miller proposent une vie modelée par des pulsions, animée et perturbée par des élans mobiles, changeants, contradictoires ; une vie chaotique, mais sans les affres de choix déchirants, la tragédie de l'irréversible. C'est un art du dépla-

1. Ernest Hemingway, *Paris est une fête*, traduit de l'anglais par Marc Saporta, Paris, Gallimard, Folio, 1996, p. 20.

cement, le talent de saisir à temps « le beau moment de partir ».

Le maître en cet art, bien avant la « génération perdue » des écrivains américains du XXe siècle, c'est Casanova. Ce que l'extériorité d'un point de vue étranger introduit : la perception d'une Europe sans frontières ni barrières, le voyage dans le XVIIIe siècle de Casanova nous l'offre : c'est la même aisance à passer d'une ville à une autre, d'un royaume à l'autre, de l'Italie à la France, de Paris à Saint-Pétersbourg, de Rome à Constantinople. Une facilité qui n'est pas due aux moyens de communication (lents, malcommodes, épuisants), mais à la légèreté d'une non-appartenance à un lieu d'origine. Non son oubli ni sa négation – Casanova ne cesse de se sentir vénitien –, mais le refus de lui reconnaître force de loi, droit d'assignation. Venise pour le joueur de haut vol qu'est Casanova implique des préférences et des complicités. Elle est le lieu de retour par excellence, parce qu'elle ne se referme pas sur le voyageur, ne l'oblige pas à la stabilité d'un engagement définitif. Casanova revient toujours à Venise, parce qu'elle est la ville-théâtre : « Je me suis acheminé vers la place Saint-Marc très curieux de voir et de me laisser voir de tous ceux qui me connaissaient, et qui devaient s'étonner de ne me voir plus abbé[1]. » Il brûle de savoir où en est le spectacle, de reprendre son masque de carnaval, d'essayer un nouveau déguisement. Comme dans la commedia dell'arte, le texte est libre, toutes les improvisations sont permises. L'intrigue inclut les interruptions. Venise se quitte à tout moment – selon cette constante : « Je suis parti avec la joie dans l'âme sans rien regretter. » Cette joie est portée à son comble quand le départ est véritablement une évasion. Après plusieurs mois d'enfermement à la prison des Plombs, Casanova s'enfuit, à l'aube. Il reprend sur une gondole le chemin de ses aventures : « J'ai alors regardé derrière moi tout le beau canal, et ne voyant pas un seul bateau, admirant la plus belle journée qu'on pût souhaiter...[2] » De bonheur, le fugitif éclate en sanglots. L'ébauche de description, maladroite, cassée, coupée de la fluidité de son objet, s'arrête là. Casanova est revêtu du seul costume qu'il possédait, l'habit de fête qu'il portait lors de son arrestation. En ce lever de jour, la fête qu'il célèbre par ses larmes est celle de sa liberté.

1. Casanova, *Histoire de ma vie*, Wiesbaden, Éditions Brockhaus, et Paris, Plon, 1960-1962, vol. 2, p. 50.

2. *Ibid.*, vol. 4, p. 321.

Histoire de ma vie, on l'a souvent souligné (et critiqué), ne nous fait pas voyager si l'on s'en tient à l'étendue et à l'exactitude des descriptions. Fellini en comparait la lecture à celle d'un annuaire de téléphone. Mais si l'on considère ces mémoires non comme une fenêtre ouverte sur un univers disparu, non dans la nostalgie de scènes passées, mais comme narration d'une vie vécue sous le signe du voyage, alors ce texte nous touche en tant qu'inscription d'une passion – celle de ne pas distinguer sa vie d'une pièce de théâtre, de la concevoir en artiste. Casanova nous entraîne à organiser ou désorganiser notre présent pour le rendre plus intense, à fuir de toutes nos forces l'usure, le pouvoir momifiant de l'habitude, son anesthésie au quotidien. La lecture de Casanova réveille, revigore. Elle est cet élixir de jeunesse dont prétendent être possesseurs les charlatans de son temps... Casanova ne nous montre pas des vues de la Rome ou de la Venise qu'il a connues, il fait mieux. Il nous donne le désir d'en fouler les pavés avec la même avidité de plaisir que lui. Il nous dégoûte de nous satisfaire de peu, de nous résigner aux nuits mornes et aux matins moroses. « La Fortune, madame, est journalière », écrit-il. C'est à savoir la séduire qu'il nous incite. Fortuna ! la déesse aux yeux bandés, l'aveugle dispensatrice de la chance, c'est Elle qu'il poursuit ; c'est pour Elle, pour l'instant miraculeux de son intervention, qu'il se tient sans faillir à son éthique de la liberté, qu'il veut faire de chaque jour le théâtre idéal de son apparition. Lorsqu'il quitte une ville, il ne se retourne pas sur les lieux dont il s'éloigne. Bien installé dans sa voiture, il médite sur son âge, fait le bilan de sa richesse et de sa santé. Il évalue ses chances de plaire. Il construit le scénario de sa prochaine étape. Il y a certains moments forts qu'il doit particulièrement travailler, comme celui de son arrivée dans la ville étrangère et toute l'affabulation dont il l'entoure, et d'autres moments qu'il abandonne au hasard. Car la Fortune veut les deux, la précision stratégique, la froide lucidité sur l'état réel de nos possibilités, et une trame assez floue pour qu'adviennent l'imprévisible, l'impensable. Elle ne s'offre (en passant et sans promesse de lendemain) qu'à ceux qui, voués à la monomanie du plaisir, ont cependant compris que son assouvissement implique un art de la distraction, de la dérive, de l'abandon – une singulière et paradoxale maîtrise dans la dépossession. Sorte de double jeu, de strabisme divergent entre une résolution personnelle inébranlable et un pouvoir sans limite accordé au monde, à l'enchaînement des circonstances.

Casanova est un phénomène de volonté, mais d'une volonté dénuée de volontarisme, et qui repose sur une entente subtile et profonde avec ce qui lui échappe. C'est ainsi qu'il peut déclarer en toute sérénité : « J'ai aimé les femmes à la folie, mais je leur ai toujours préféré ma liberté. Lorsque je me suis trouvé dans le danger de la sacrifier, je ne me suis sauvé que par hasard[1]. »

Don Juan agit par système, Casanova par hasard. Il pense tout en fonction de points d'intensité, de sommets d'émotion et des bouleversements qu'ils représentent. Sa volonté même de demeurer seul, de multiplier les liaisons sans se lier relève de sa théâtralité, de son purisme – de son souci secret et constant de se garder disponible pour la Fortune, laquelle ne suit que ses caprices, et joue les destins sur des coups de dés. Casanova n'est pas à la recherche de paysages inconnus, mais de situations neuves. Il n'est pas un voyageur, mais un aventurier : le génial metteur en scène de sa propre vie. Dans l'un des rares moments où Casanova est tenté, contre sa règle, de quitter Venise avec une amante (la très belle M. M. enfermée au couvent de Murano, et pour qui la chasteté est un supplice) et de

1. Casanova, *op. cit.*, vol. 3, p. 184.

partager avec elle ses vagabondages, il finit par refuser. « Son sort devenant attaché au mien, ma vie serait devenue dépendante d'une destinée tout à fait différente...[1] », écrit-il. Le dessin de sa propre vie en serait brouillé, tandis que disparaîtrait, avec l'angoisse de risquer seul ses chances, l'instant de sa réussite.

Lorsque j'habitais en Arizona (un lieu où les étoiles sont si brillantes et semblent si proches qu'une nuit elles m'ont fait peur) et que je me demandais si je devais me fixer là et continuer d'évaluer ma fortune, lumineuse, à la splendeur des matins et à la transparence de l'air, ou bien revenir à Paris (où le bonheur s'évalue autrement !), j'ai choisi Paris contre Tucson. À cause de l'image qui, vers six heures du soir, à l'heure des rêveries dans la piscine, parfois me traversait : je revoyais Paris à ce moment précis, quand, à la tombée du jour, dans une brume de fin d'automne, les lumières s'allument... De même si, en voyage, loin de mes volumes rouge et or de *Histoire de ma vie*, je pense à Casanova, c'est tou-

1. Casanova, *op. cit.,* vol. 4, p. 136.

jours la même scène qui revient : il est en robe de chambre dans une spacieuse chambre d'auberge. On lui a apporté son repas – douze alouettes et une bouteille de vin de Bordeaux. Il s'apprête à souper, délicieusement, devant un feu de bois, dont les flammes étincellent aux diamants de ses bagues. Sur le tapis il y a une malle ouverte. À ses pieds, des papiers, des livres, en piles, ou isolés, de profils, ouverts, formant de fragiles toits, comme dans ce désordre inspiré qui entoure saint Jérôme dans le tableau de Carpaccio. Sur le lit, à demi cachée par des rideaux, est étendue une superbe robe. Dans ses plis brillent des bijoux. Casanova, de ses yeux noirs et rapides, lui jette des coups d'œil obliques. D'une seconde à l'autre, la porte peut s'ouvrir, une femme peut apparaître. Casanova attend sans attendre. Il est comblé, de toute façon.

QUESTION DE STYLE

Casanova s'était fixé comme règle du jeu de ne pas s'ennuyer, de ne pas subir les situations, mais de toujours les varier, les subvertir, les faire servir son plaisir. Cependant, devenu vieux, il dut quitter le régime d'exception auquel prétend, de droit, l'aventurier, et rejoindre le lot commun. Sous la double contrainte que lui imposaient le manque d'argent et le déclin de ses forces, il accepta l'hospitalité du comte de Waldstein, en Bohême...

Il mène désormais une existence sédentaire qu'interrompent seulement quelques voyages à Prague et des visites à son ami le prince de Ligne. Cette monotonie le déprime. Il se désole d'en être réduit à la lecture des gazettes pour trouver du nouveau. Mais très vite, toujours insatiable d'événements, il découvre un moyen d'animer ces longues années de retraite : écrire ses mémoires, se renouveler par le récit l'émotion de la première fois, célébrer jusqu'au bout l'esprit de liberté. Casanova, le joueur, gagne ainsi sur tous les plans. Après avoir conçu sa vie comme une pièce de théâtre ou un tour de magie, il en tire un chef-d'œuvre. Il a tout misé sur l'instant : sur ce système d'imprévoyance il construit un monument à l'épreuve des siècles... Cette entreprise absorbe toute son énergie. Les journées lui passent en un souffle. Son présent est sous l'emprise du passé, mais il est tendu par un effort de captation, une avancée dans l'écriture, qui lui rend force d'énigme. Le vieil homme continue de s'amuser. Malgré ses plaintes et ses colères, Casanova est entièrement du côté de ceux qui, telle Mme du Barry, sont prêts à tout pour fléchir le Bourreau, tenter d'en obtenir quelques minutes supplémentaires.

De ses premiers pas d'enfant à Venise jusqu'aux portes de la mort dans ce château du Nord, Casanova a acquis une expérience du bonheur, mais nulle philosophie du détachement. Prédateur et violent, passionnément hédoniste, sans une once de sang-froid, Casanova contredit la sagesse stoïcienne et cet enseignement d'Épictète, en forme d'allégorie : « Au cours d'une traversée, quand le bateau fait escale, si tu veux sortir pour prendre de l'eau, tu peux chemin faisant ramasser un coquillage, un oignon, mais tu dois garder l'esprit tendu vers le bateau, te retourner sans cesse pour le voir, au cas ou le pilote t'appellcrait. Et s'il t'appelle, il faut laisser tout cela, si tu ne veux pas qu'on te ligote et te lance dans la cale, comme on charge les moutons. Il en est de même dans la vie : qu'on te donne, au lieu d'un oignon ou d'un coquillage, une femme ou un enfant, rien ne s'y oppose. Mais si le pilote t'appelle, cours au bateau, laisse tout cela derrière toi, sans même te retourner. Et si tu es vieux, ne te permets même pas d'aller un peu loin du bateau, pour ne pas risquer de manquer à l'appel. »

Le plus cher désir de Casanova est, au contraire, de manquer à l'appel, ou que le pilote, étant donné la complexité et le grand nombre de ses fiches, en embarque un autre à sa place.

La tâche du pilote certes est délicate et l'on s'étonne qu'il ne se trompe pas, car il doit compter non seulement avec l'immense majorité des réfractaires, qu'il faut ligoter pour les arrêter dans leur course et qui, vieux et malades comme ils sont, trouvent encore le moyen de s'arracher à leurs liens, mais aussi avec la minorité, tortueuse, obstinée, imprévisible, des suicidaires, ceux qui n'ont qu'une idée en tête, devancer l'appel, venir quand il leur plaît. Ils arrivent, désespérés, écrasés, mais possédés, malgré tout, d'une étrange lubie de triomphe.

« Une bonne raison de se tuer ne manque jamais à personne », note Pavese sur ce ton d'humour caractéristique des gens pour qui l'idée de suicide est familière, tantôt terrifiante, tantôt amicale, compagne inévitable et désirée, fatale bien qu'aléatoire. Une idée qui se présente sous des formes changeantes et qui, par cela même, et dans la gamme du noir, suscite toutes les humeurs, des plus morbides aux plus drôles. Injonction obsédante et dont on est prisonnier, ou recours suprême, inaliénable, qui nous délivre de notre destin, nous en rend le maître. De même que, dans une relation amoureuse, c'est la perspective, ouverte, de pouvoir, à tout moment, y mettre fin, qui la maintient vivante, de même, au cœur de la relation à soi-même, il y a cette alternative, toujours présente, de continuer ou de s'arrêter.

« Pourquoi cette joie sourde et profonde, *fondamentale*, qui naît dans les veines et dans la gorge de celui qui a décidé de se tuer ? Devant la mort ne persiste plus que la conscience brutale d'être encore vivant », écrit Pavese en février 1938, dans son journal. Celui-ci, qui sera publié sous le titre *Le Métier de vivre*, est une brûlante méditation sur le rapport entre ce « métier », d'un apprentissage lent, ardu, qui s'acquiert et s'éprouve au fil des années, et le geste, unique, de se tuer. Un rapport subtil, puisque c'est, en matière de vie, preuve que l'on a du métier et peut-être même du talent que de savoir saisir, à temps, le dur moment de s'en aller. L'idée du suicide finit par s'imposer lorsque, par suite de l'usure et de l'épuisement du « stock vital », elle ne peut plus avoir le rôle actif et positif de « protestation de vie ». Elle est inéluctable lorsque, devant la mort, on n'éprouve plus le sentiment inouï d'être encore vivant, que l'on n'éprouve plus rien. Mais alors n'est-il pas trop tard pour avoir encore l'énergie de se tuer ? Tout le suspense se joue là. Car si la frontière qui sépare la vie de la mort est fragile, quoique irréversible, celle qui sépare la vie de cette non-vie qu'est sa perpétuation fantômale ou mécanique, en l'absence de toute adhésion à soi, de tout projet réfléchi, de toute envie mentale et physique, l'est également. Et c'est de cette mort d'avant la mort qu'étaient d'abord assassinés les déportés d'Auschwitz : « De ma vie d'alors il ne me reste plus aujourd'hui que la force d'endurer la faim et le froid », écrit Primo Levi dans *Si c'est un homme*, et il ajoute : « Je ne suis plus assez vivant pour être capable de me supprimer. » Il devait se suicider, en 1987, à Turin, sa ville natale.

« Quelle mort que de ne plus vouloir mourir », constate Pavese, le 1er janvier 1950. Il lui semble alors qu'il est trop tard, qu'il a définitivement sombré dans une vie de suicidé ; mais, dans l'été de la même année, le 27 août, il retrouve, intact, ce vouloir et l'accomplit. Par ce geste, il sauve sa vie. Il lui donne forme et signification et, comme il l'avait fait pour ses livres, lui confère l'empreinte d'un style.

Vous avez passé la journée dans les cafés, à calmer une soif que rien n'apaise. Et maintenant, sans hésiter, sans lire les lettres éteintes de son enseigne de néon, vous entrez dans le premier hôtel venu. Vous demandez une chambre. On vous dit que la chambre 34 est libre, voulez-vous la visiter ? Ce n'est pas la peine. On vous tend la clef avec un sourire absent, tandis qu'au-dehors, dans le tournoiement des hirondelles, le carillon des vêpres se déchaîne. La chambre est au troisième étage. Vous la trouvez sans difficulté. Vous ouvrez la fenêtre, respirez l'air chaud – un air de ville aux senteurs de foin. Vous regardez les toits, les collines. Vous cherchez le fleuve. Il est là, si proche. Il brille à travers vos larmes et vous ne savez pas qui d'elles ou de lui vient baigner ce paysage de bois et de vergers. Mais elles cessent aussi brusquement qu'elles avaient jailli, et vous tournez le dos à la fenêtre. La chambre, blanche, est propre et accueillante. Vous notez, par réflexe, qu'il n'y a aucun éclairage pour lire. C'est une chambre comme une autre. Une chambre où l'on ne fait que passer.

TABLE

DU MÊME AUTEUR

Sade, L'œil de la lettre, Payot, 1978.

Casanova, Un voyage libertin, Denoël, « L'Infini », 1985.

Don Juan ou Pavlov. Essai sur la communication publicitaire, en collaboration avec Claude Bonnange, Seuil, « La Couleur des idées », 1987, et « Points », 1991.

La Reine scélérate, Marie-Antoinette dans les pamphlets, Seuil, 1989.

Thomas Bernhard, Seuil, « Les Contemporains », 1990.

Sade, Seuil, « Écrivains de toujours », 1994.

La Vie réelle des petites filles, Gallimard, « Haute Enfance », 1995.

Cet ouvrage a été réalisé par la
SOCIÉTÉ NOUVELLE FIRMIN-DIDOT
Mesnil-sur-l'Estrée
pour le compte des Éditions Payot
en décembre 1997

Imprimé en France
Dépôt légal : décembre 1997
N° d'impression : 40932